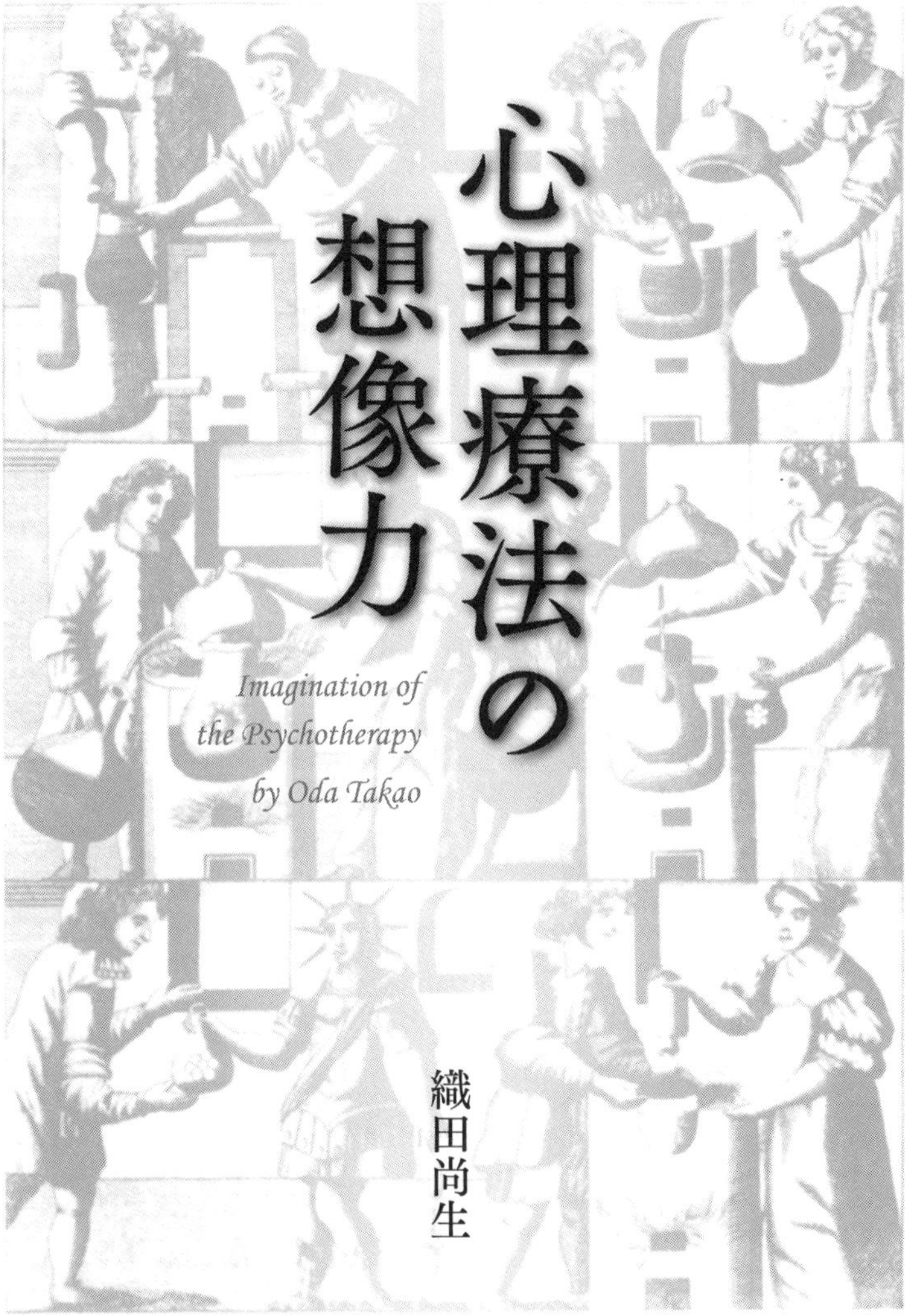

心理療法の想像力

Imagination of the Psychotherapy

by Oda Takao

織田尚生

論創社

はじめに

心理療法の想像力とは何だろうか。私たちは他人の心の傷つきや痛みを理解しようとするとき、自分の想像力を用いてその作業をおこなう。形がなく直接触れることのできない他人の心には、治療者自身の心の動きを通してしか到達できない。

心理療法場面で治療者の心を刺激するのは、患者の心の動きである。患者の心を直接知ることはできないので、これを間接的にわかろうと努める。患者の心をうかがう手段として、言葉や夢や箱庭を利用する。患者にこのような自己表現を求めることによって、治療者自身の想像活動を喚起するのである。患者の言葉や夢は無意識の部分を含んでおり、治療者にはそれらを解釈する能力が必要である。このため分析家になるトレーニングとして、例えば夢解釈のセミナーに出席することが義務づけられている。

言葉や夢や子どものプレイや箱庭表現についての理解力がいかに上達しても、患者との関係性のもとでの、治療者自身の心を直接介する理解がなされない限り、患者理解はしばしば的外れなものとなる。治療者の心を通して患者をわかるために、私たちは訓練としてスーパーヴィジョンや教育分析を受ける。しかし前者はスーパーヴァイザーの心を一旦通過しなければならないので、患者理解が間接的で薄められたものになる。後者は個々の患者を、個別的にわかろうとするものではない。

このように見てくると結局、言葉や夢や子どものプレイの内容や箱庭表現を通して患者の想像活動をとらえることに劣らず、治療者自身の想像活動を直接的に把握する意義を強調しなければならなくなる。患者のみならず治療者の想像活動に注目することによって、両者が関係性のもとでどのような心理を生きているかということがわかる。治療者と患者との間で、両者の想像力がいかに働いているかという対応関係を検討していくことが、心理療法を進める上できわめて大切な作業である。治療者の想像力の活動は自身の夢体験や箱庭表現を通して知ることができるが、何より必要なことは、面接中に治療者の心に自然発生的に生じる想像活動に対して心を開き、自分がそれに意識的に関与し続けることである。

私はユング派の分析を職業としている。したがって、批判的に取り扱うことを前提としつつも、本書にはユングの分析心理学の考えが根底にある。学派のドグマの影響をなるべく受けないように心掛けながら、次の点に力を注いだ。それはユングによる錬金術研究を中心に、彼自身が心理療法の実際との関連をほとんど述べていない領域と、面接場面とを架橋することである。錬金術は西洋中世の、すでに今日では姿を消した文化である。欧米の分析心理学者にも、錬金術を臨床と結びつけようとする人は多くない。分析心理学の心理療法的容器や中間領域の考えが、錬金術の心理学的研究に由来することを、本書で明らかにしようと試みた。

心理療法的容器に対応する錬金術的な容器は、錬金術師と助手との間にそのための空間が確保されなければ存在できない。術師と助手の両者は、二人の関係性のもとで各自の想像力を用いて、容器の内容物の変容過程を促進する。錬金術的容器の置かれる場が錬金術師と助手との中間領域であり、心理療法的容器は治療者と患者の間に布置する。

本書の構成は、まず昔話と患者や治療者の夢を取り上げて想像活動の世界に分け入る。続いて面接場面における治療者による、今ここでの想像力がいかに治癒促進的に働くかの検討に移る。想像活動が治療者自身の心の癒しにどのように結びつくか、ということについても述べる。程度の差こそあれ、患者ばかりでなく治療者も傷ついている。治療者の癒しと、患者の心の癒しとは同時的に生じるのである。

心理療法論を臨床例を挙げることなしに繰り広げることは困難であり、実際から遊離したものとなりやすい。本書には、臨床家によるいくつかの事例が登場する。いずれも断片的なものであり、実際の事例と無関係ではないが、個人を特定できる恐れのある部分は削除し変更を加えてある。心理療法という困難な道を治療者とともに歩んだ患者のかたがたに、何よりも敬意と謝意を表したい。

著者

目次

心理療法の想像力

第一章　夢と非日常

夢を含む想像力とは何だろうか。心理療法家として夢に関わる仕事を始めてから、三十年近くになる。本章では心理療法場面での夢や想像力との取り組みを背景にしながら、癒しとは何かということを考えてみよう。神話の時代から、国家や個人の生活上の危機に際して、夢に答えを求めることがおこなわれた。夢を利用するという点では、現代の夢を用いた心理療法でも変わらない。

一九五〇年代以降のレム（ＲＥＭ）睡眠研究の発展によって、人間の夢見という現象が神経生理学的に基礎づけられることになった。しかし脳波による夢研究は、心の癒しの道具としては役立たない。そのため本章では、夢の生理学ではなく心理学を考える。心理学的に夢と類似のものとして、同じく想像力の産物である民話を取り上げながら、夢と癒しの問題を検討する。

1　味噌買い橋

睡眠中の精神活動の内容を、覚醒時あるいは覚醒後に想起し、それを言語化したものが夢である。夢を心理療法の道具としてどのように利用できるのか、考えることにしよう。

夢分析を用いる心理療法では、病者が自分の見た夢を面接中に治療者に語り、夢を材料にした対話を通して治療が進められる。夢の場面は日常に近いところばかりでなく、地下の領域や天上の世界、あるいは地の果てや海のなかである。私たちは地上の今ここで生活しているが、何らかの行き詰まりや危機的状態に陥ったとき、肉眼でとらえられる昼間の世界以外の、つまり夢という非日常の領域が重要な意味を持つようになる。

地下や天上のような他界について物語るものは、夢に限らない。詩や小説や音楽、子どもと大人の遊びも、非日常の世界と関係している。しかし何よりも昔話や神話は、他界について直接語る。夢と昔話とは、非日常について物語るという点で共通している。昔話のなかに、夢を主題とするものがある。夢と関係の深い昔話が夢について語るということから、昔話は二重の意味で、非日常としての夢を検討するための資料になるだろう。

心理療法場面で、治療者は病者の夢を取り扱う。夢分析技法という言葉が示唆するように、夢の扱い方には、ある種の職業的な技術を要する。しかし技術以前の、あるいは小手先の技術よりも大切な、治療者の基本的な態度については、民話や神話を通じて学ぶところが大きい。わが国の民話からひとつを取り上げて、この点を考えてみよう。この民話については、その字句を一部修正してある。

味噌買い橋

昔、飛騨の沢山《さわやま》というところに、長吉という信心ぶかい正直な炭焼がいた。ある夜枕もとに仙人のような老人が現れて、「高山の町へ行って、味噌買い橋の上に立っていてみよ。大そう良いことを聞くから」と言ったかと思うと、目がさめた。

夢であったが、長吉はさっそく炭を売りながら高山の町へ出て、味噌買い橋の上に立っていた。まる一日立っていたが、何も良いことは聞けなかった。二日目も三日目も良いことは聞けなかった。五日目に、味噌買い橋のほとりの豆腐屋の主人が不思議に思って、「なぜ毎日そこに立っているのか」とたずねた。

長吉は夢の話をした。豆腐屋の主人は笑い出して、「つまらん夢なんかあてにしなさるな。わしもこの間夢を見たよ。老人が現れて、なんでも乗鞍のふもとの沢山とかいう村に長吉という男がいる。その家のそばの松の木の根元を掘れ、宝物が出ると言うたが、わしは乗鞍の沢山なんていう村はどこにあるか知らないし、よし知っていたとしても、そんなばかげた夢なんか信ずる気にはなれん。悪いことは言わない。お前さんもいいかげんにして、お帰んなさい」と言った。

それを聞いた長吉は、これこそ夢の話に違いないと、身も心も躍る思いで、お礼もそこそこに急いで、飛ぶように村に帰って行った。帰るなりに松の木の根元を掘ってみると、金銀のお金やいろいろの宝物がざくざくと出た。

そのお陰で、長吉は長者になった。村の人びとから福徳長者と呼ばれた。[1]（岐阜県大野郡）

2　非日常の世界

夢をどのように取り扱ったらよいだろうか。扱い方は、夢だけでなく昔話などさまざまの非日常世界に向き合うときの共通の課題である。一歩自分の心の世界に足を踏み入れると、そこにはもう非日常の世界が広がっている。

民話「味噌買い橋」が意味するものを考えてみよう。まず気づくことは、長吉と豆腐屋の主人との、夢に対する態度の相違である。二人の態度は対極的と言えよう。長吉は夢を正面から受け取る。おそらくは全く素朴に、この場合には夢内容が日常の現実に一致すると考えたのだろう。長吉は夢のなかの老人の言葉を真に受けて、わざわざ高山まで旅をし、しかも味噌買い橋の上に五日間も立ち続ける。

豆腐屋の主人の場合にも、長吉の夢に登場した仙人のような老人と、同一人物が出現したのだろう。しかし主人は、「そんなばかげた夢なんか信ずる気にはなれん」と、自分に生じた夢体験を無視してしまう。その結果長吉は長者になるが、主人の身の上には何の変化も起こらない。

宝物を豆腐屋の主人が獲得できなかったからといって、必ずしも不都合ではない。主人は夢に関心を払わなくても、不自由なく暮らしていける。私たちもたいていは、夢や非日常の世界に関わらない生活を送っている。何らかの危機的状況に出会ったときに初めて、夢の領域が特別の意味を持つようになる。ここでは夢や非日常という無識の世界に心が開かれた生き方と、そうでない心の持ち方と、対極的な二つの生き方があるのを指摘しておきたい。

「味噌買い橋」という民話は、全国各地に相当広く分布している。それどころか関啓吾によれば、「アールネ・トンプソンの話型分類」一六四五番に相当する民話である。すなわち、「ある男が、離れた町へ行くと橋の上で宝物を発見するだろう、という夢を見る。しかし宝物は見つからない。特定の場所に宝がある、という夢を見た第二の男に、最初の男は夢の話をする。第二の男が夢に見た特定の場所というのは、最初の男の家である。最初の男は、後で家に帰って宝物を発見する」(2)という概要である。このような点を考えれば、「味噌買い橋」の基本的なモチーフは、世界共通の普遍的なものであることがわかる。

引用した岐阜県大野郡の民話では、主人公の長吉について、信心ぶかく正直な炭焼だということだけがわかっている。しかし興味深いことに、類話の主人公はたいてい貧乏である。例えば香川県の類話では、第一の男は貧しい百姓の佳作《けいさく》だったり、貧しい百姓の茂作だったりする。(3)福島県相馬市の類話では、主人公が貧乏な母親とその子どもということになっている。母子は夢を見て、乞食のような格好で江戸の両国橋をたずねたという。(4) 炭焼の長吉を含めて最初に夢を見た主人公は、貧乏など何らかの困難な状況にあった。危機的な状況にある長吉が夢を体験した、ということに意味があるのだろう。長吉は信心深いというが、彼と超越的な存在との親和性を考えさせる。私たちが何らかの危機的な状態にあるならば、長吉のような生き方を要請され、シンボルとしての宝物を発見する必要が生じる。

豆腐屋の主人は、夢という非日常の領域に生じる出来事を日常の世界の事実と同一のレベルでとらえる、長吉の愚かさを笑う。炭焼の長吉がとった行動には危険性が含まれている。非日常の出来事を、日常の現実と重ね合わせてしまうのは、精神病者のように非現実と現実とが融合して両者の境界が失われる場合、とりわけ危険である。精神病の世界では、幻覚や妄想と今ここでの現実との区別ができなくなる。

長吉と豆腐屋の主人という二人の夢に登場した超越的な老人は、宝物のありかを教えてくれる。教えられた場所を掘れば宝物が発見できるから、夢内容は逐語的な事実である。しかし心理学から見れば宝物は同時に、危機的状況を克服するための象徴的な宝物、つまり非日常の領域と関わることによって困難を克服する可能性を表す、と理解することもできる。長吉は一見すれば、夢のなかの現実を日常の事実と取り違えているように考えられる。ところが実際に長吉は、日常と非日常との区別ができており、超越者の言葉は客観的な事実でも心的現実でもあることが、直観的にわかっていただろう。

「味噌買い橋」に登場する夢では、日常と非日常という両領域における出来事が、領域の違いを超えて一致している。長吉の夢に対する態度は、夢分析や心の癒しの問題と密接な関係がある。私たちが切迫感を伴う夢を見るときには、危機的な状況にあったり、重要な人生の転機に遭遇していることがある。子どもの場合のように、ライフサイクル上で発達的変化の激しい時期にも鮮明で印象的な夢を見る。心の危機的な状況では、夢のなかの現実と日常の事実の世界とが一致し、重なり合いを生じることがある。

心理療法家は来談者や自分自身の夢を取り扱うとき、夢の現実と日常の現実とを直ちに重ね合わせて考えれば、それで危機は克服されるのであろうか。事はそれほど簡単ではない。

3　第三の態度

心理療法家が心理療法面接をおこなうとき、病者が夢を語ることは多い。しかし事例検討会で聴かせてもらう治療経過では、病者の夢が必ずしも治療に生かされていない。治療者が自分自身の夢に対して、心を開いていないためである。自分の夢をわかろうとしない者は、他人の夢を理解できない。夢を用いた心理療法の専門家になるためには、教育分析を相当長期にわたって受けなければならない。分析過程で、志願者自身の夢が取り扱われる。そこまで専門家になろうとしない場合でも、病者から夢を聴く機会のある臨床家は、自身の夢を記録するなどして、自分の夢と向き合う誠実さを持たなければならない。これはモラルの問題でも、技法上の課題でもある。治療者の夢体験を抜きにしては、どのような夢理論をもってしても、病者の夢を心の癒しに役立てることはできない。

実際の夢分析では、夢に対してどのような態度をとったらよいだろうか。長吉と豆腐屋の主人との中間に位置するべきだろう。あるいは両者の態度を必要に応じて使い分ける、とも言える。私たちがとるのは、第三の態度である。この場合、夢は主人の言うような「ばかげたもの」と常に見なされることはない。他方、長吉が考えたように夢内容と日常の現実とは一致することはあるが、それは比較的稀なことだということも、治療者として知っていなければならない。

第三の態度は、夢を心的現実としてとらえる。人間は覚醒時だけでなく、夜間睡眠時にも精神活動をおこなっている。私は脳波と筋電図を用いて、睡眠と夢の研究に従事したことがある。[5] 睡眠中に記録されつつある脳波と筋電図によってレム睡眠期を同定し、この睡眠段階で被験者を覚醒させる。このような実験によると人は、一晩に五ないし六回経過する各レム睡眠期に、たいてい夢を見ていることがわかる。

脳波を用いた睡眠研究によれば、夢を見る睡眠段階であるレム期には、私たちの脳活動は深睡眠の段階と比較して明らかに活発である。レム睡眠期の脳波は、覚醒時に近いほど活動水準が高い。しかしレム期には、身体の姿勢を保つために欠くことのできない抗重力筋の活動は、きわめて不活発になっている。つまりレム期には、身体は眠っているが頭脳は覚醒状態に近い。身体が眠っているために、レム睡眠段階の比較的活発な精神活動が外部に伝わらず、閉じられた精神の世界のなかだけの物語、つまり夢になると考えられる。

覚醒後に睡眠中の精神活動を想起することによって、夢という体験を把握できる。心の危機的状況のときレム睡眠段階には、精神が活発に活動しているのに身体が動かせないため、金縛り状態だと感じることがある。実験によれば、健康な人がレム期に覚醒させられて内容のある夢を想起できる確率は七〇％から八〇％程度であった(6)。

夢が覚醒時の体験と異なるのは、睡眠中の体験だからである。レム睡眠中の脳の精神活動は覚醒時に近いと述べたが、それに比べれば脳波が少し遅く、意識水準が低い。意識水準が低下したときの精神活動だからこそ、夢は夢としての様相を帯び、一見して理解しがたいものとなる。

心理療法場面で夢が有用なのは、夢が低い意識水準における精神活動の産物だからである。覚醒時の意識で、睡眠中の体験をとらえたものが夢である。覚醒時の意識は、あれもこれもということを許さない。意識が明瞭であるためには、あれかこれかのいずれかを犠牲にしなければならない。

何事もなく生活できているときは、私たちが意識的であろうとして捨て去ったもの、未だ混沌として姿を現していない心的内容は、考慮しなくてよい。心の危機状態では、低い意識水準の体験が持つ意義が突如として高まる。心全体で危機克服の過程に参加することを求められる。フロイトの自由連想法は、覚醒時に意識水準がごく軽度に低下した状態を作り出し、その状態の心的体験を蒐集する方法である。心理療法技法として、覚醒時に夢見に近い体験を得ようとする。夢は私たちの精神活動の一部である。低い意識水準の産物である夢は、無意識の心を含むために多義的であり、昼間の意識を用いて意味を明らかにするには限界がある。しかしそれだからこそ、心的危機において夢分析は有用な道具になる。実際の夢分析では、あいまいで多義的な夢をどのように利用できるのか、これから考えてみよう。

4　比喩と象徴

これまで私たちは昔話の世界に分け入り、自分が長吉や豆腐屋の主人の身になって、夢に対する態度を検討した。ここで、「味噌買い橋」の内容全体を夢体験に相当するものととらえてみよう。夢のなかでさらに夢を見るということも稀ではない。「味噌買い橋」の二人の登場人物は内容が関連する夢を見るが、そういう二人の人物が登場する夢を、私たちが見たと考えることができる。

私たちの心のなかには、内なる長吉や豆腐屋の主人が住んでいる。松の木の根元を掘って宝物を発見するというモチーフは、象徴的に異界から、何らかの価値あるものを獲得するということを物語る。宝物が金貨や銀貨だとすれば、それらは文字通りに金貨や銀貨であると同時に、長吉の持つ未知の可能性を比喩的に表すものでもあろう。長吉は炭焼をしていて貧乏であるが、正直で信心深い男とされており、金銭のみに価値を置く人物ではない。

夢を理解しようとする場合、夢内容を逐語的にそのままとらえると同時に、それを比喩的な表現として考える。これは夢に対する第三の態度である。修辞的表現法である比喩は、類似性によって基礎づけられている。比喩には直喩（シマリー）と隠喩（メタファー）があるが、夢の心理療法的な理解のためには、夢を隠喩的表現として把握する視点が必要である。実際にここでは、長吉が掘り出した宝物を金銀であると同時に、彼の隠れていた発展可能性と考えてみよう。この場合の金銀はすなわち人生の宝物ということであって、隠喩そのものである。

心理療法的な夢の利用を考えるとき、夢の形態ばかりでなく夢の機能を検討する必要がある。夢を隠喩的表現として理解しようとするならば、これは夢の形態を明らかにする試みである。夢と心の癒しを考える場合、夢の心理的機能を無視することはできない。心理学者ユングは夢の持つ機能に関して、象徴研究を通して寄与した。

ユングによる象徴研究の核心をなすものは、象徴が超越機能を持つとした点である。一九二一年刊行の『タイプ論』において、彼は象徴の超越機能について解説している。(7) ユングの解説をまとめると、次のように言えるだろう。私たちが何らかの行き詰まりの状態にあるとき、日常の現実にあって、心的エネルギーをうまく利用できない。このとき無意識が賦活されて退行し、さまざまのイメージを生じる。イメージを体験することによって、行き詰まりの原因となった対極的なものの葛藤や分裂が統合され、新しい心理状態に進むことができるなら、そのイメージは象徴として超越機能を持つと言える。象徴の超越機能仮説は、ユングによる重要な貢献である。しかしユングは、ときに楽観的に過ぎる。心が統合に失敗する場合があることについて、多くを語っていない。私たちのイメージや想像力の活動を通じて超越機能が働いても、乖離や分裂が統合されないなら、心理療法が逆に心の解体を促進することがある。心理療法は当然のことながら万能ではない。

心のなかのイメージが夢として言語化されるとき、隠喩という修辞的表現法が用いられる。ユングは象徴について、象徴が象徴として機能するためには、何らかの未知の要素が含まれていなければならないと言う。さらに彼は象徴について、心的事象のそれ以上適切には表現できない、表現法になっていなければならないとする。これらの点をユングは、象徴は「比較的知られていない事柄の、可能なかぎりで最良の表現(8)」であると述べている。

夢の表現法には隠喩を中心とする比喩が用いられ、夢の心的機能として象徴による超越機能が働くのである。ユングによる象徴の定義を取り入れて、夢に対する視点にもうひとつ追加する必要がある。夢は睡眠中の体験だから生理学的にも当然なことだが、未知で無意識の要素が含まれている、ということである。なおユングが、イメージ表現にもその機能にも象徴という術語を使用しているのはあいまいである。本書では、心の無意識内容の表現や隠喩的表現をイメージと呼び、それらの持つ超越機能に注目する場合に象徴という言葉を用いることにしよう。

5　夢解釈の方法

臨床経験によれば、夢を用いた心理療法で心が癒されるのは、夢見という現象を通して超越機能が建設的に働き、心の葛藤や分裂が統合され、病気が克服された新しい状態に変化するということである。面接時に夢を媒介として治療者と病者とが話し合うのは、どのような意味があるだろうか。病者は夢について連想を語り、治療者患者関係の支えのもとに夢を再体験することを通じて、心の超越機能が働く。さらに面接中の心理的な対人関係は患者に影響を与え、次回の面接までに超越機能を伴う新たな夢見がなされる。心理療法では経験的に、面接を受けた日の夜、そして次の面接の朝、治療的に意味の大きい夢を見ることが多い。これは面接が夢見を刺激することを示している。

フロイトは一九〇〇年『夢判断』において、顕在夢と夢思考つまり潜在夢と区別し、夢思考が心的な検閲によって歪曲されることにより、言語化できる顕在夢となると述べた[9]。夢は隠された願望の歪曲された表現であり、それを分析して夢思考に行き着くと、幼児性欲やエディプス・コンプレックスに到達する[10]。この仮説に対しては、フロイトは結局夢をエディプス・コンプレックスに還元したに過ぎないという批判が生じる。しかし無意識の要素を含む多義的なものを解釈しようとすると、何らかの理論に還元することは避けられない。『夢判断』を読めば、フロイトが夢を理解するためにいかに熱心に夢見者の連想や意識の状態を知ろうとしているかがわかる。これはフロイトによる夢を介した意識と無意識をつなぐ試みであって、この点が彼の夢の心理学に対する第一の貢献だろう。

ユングは一九二八年の『夢心理学のための一般的見解』のなかで、彼自身の夢理論を展開している。夢は意識内容を補償する、とユングは言う。(11) これはフロイトの願望説に対する補償説で、彼の夢理解の基本をなすものである。意識と無意識との相補的な関係は、ユングによる心の全体性の考えに結びつく。ユングは顕在夢と潜在夢とを区別しないが、フロイトの幼児性欲説やエディプス・コンプレックス仮説に相当するものが、個性化への衝動である。個性化とは、人が個人として普遍的元型的なものから自立していくとともに、同時にそれによって失われてきた普遍的なものとのつながりを回復していくという、心の成長への本能的な衝動を指す。元型的なものとは、深層にあって心の構造を根底のところで基礎づける、骨格的なものである。

ここに取り上げたユングの著作から、彼の夢に対する見方をもう少し取り上げておこう。彼は夢を因果的に理解するばかりでなく、目的論的にとらえる必要性を強調している。何のために、どういう目的で、このような夢が生じたのだろうと考えることが、夢の持つ意味を知る上で重要だという。(12) ユングはまた、客体水準と主体水準の夢解釈ということを、区別して考えている。客体水準の夢解釈では夢のなかの登場人物を、夢見者とその人物との現実の対人関係を表すものだと理解する。主体水準の解釈では、登場人物を夢見者の内なる他者、つまりもうひとりの自分と見なすのである。ユングは、家族など身近な登場人物は客体水準で、そうでない場合は主体水準で解釈した方がよいと述べている。[13]しかし多くの場合、主体水準と客体水準との両方の水準で、夢を把握する必要がある。さらにユングは、夢を用いた治療をおこなうためには治療者自身が分析を受けなければならないとしているが、[14]これは重要な指摘である。

実際の心理療法場面では、夢をどのように扱ったらよいだろうか。私はユング派分析家としてのトレーニングを受けたので、基本的にはユングによる分析心理学の考えを、自分の治療仮説としている。どのような心理療法家も、いずれかの学派に準拠せざるを得ない。しかしその学派の考えに新しいものを付け加えようという志が大切で、矛盾しているが、学派の考えに縛られることのないある種の自由な態度が必要である。夢を心的現実として尊重するとともに、夢の世界と日常の現実とを明瞭に区別できる能力も重要だろう。

夢分析の経験から、心理療法家の基本的な態度についてさらに考えていこう。民話「味噌買い橋」にもどって検討する。特に興味深いのは、炭焼の長吉と豆腐屋の主人とが、互いに関連の深い夢を、ほとんど同時的に見たことである。二人の夢はむしろ、同一の夢のそれぞれ前半と後半だと見ることができる。長吉は夢のなかの仙人のような老人に、高山に行けば良い話が聞けるということを教えられる。主人は夢で、長吉の家の松の根元を掘れば宝物が得られる、と長吉の夢のなかの老人と同一人物と考えられる老人に教えられる。異なる心的領域に、同一のイメージや事象が出現することを布置というが、別個の人間である長吉と主人とに、同じ夢の前半と後半とが同時的に布置したと考えられる。ユングは因果的に異なる事象間の、意味のある偶然の一致を共時性（シンクロニシ

ティー）と呼んだ。(15) 彼はさらに、布置が元型に基礎を置く点も指摘している。(16)

6　布置に心を開く

長吉と主人の心に同一の夢が同時的に布置したが、これは二人にとって共時的な現象である。同一の夢に導かれて、長吉と主人とが味噌買い橋で出会ったのも、共時的な現象だと考えられる。心が危機的状況にあるとき、つまり長吉の場合貧乏で生活が行き詰まっていたと考えられるが、松の根元で宝物を発見するという夢内容と、それに対応する日常の現実としての埋蔵金の発見とが、同時的に生じている。これらについては原因と結果の枠組みで考えるよりも、布置と共時性という概念を用いた方が、心理療法にとって示唆するところが大きい。他方で例えば幼児虐待に伴う心の傷つきを検討するときには因果論的な視点がまず必要で、臨床の局面で両方の視点をいかに使い分けるかというのが、私たちの課題であろう。

布置と共時性は特殊な出来事ではない。心が癒されるときには、心のなかの回復への動きと、現実状況の改善とは同時的に起こるのであって、治療的な転回点では必ず生じていると考えてよい。拙著『深層心理の世界』のなかで、布置と共時性との関連について、次のように解説した。これまでの議論を補足するものとして、取り上げておきたい。

元型的なものは、意識の世界では人の行動や思考や感情を支配し、無意識においては夢に、同じ元型的なイメージとして現れる。この現象が布置である。これはユングの主張した共時性ということと密接に関連する。……元型が意識と無意識領域とに同時的に布置することによって共時的な現象が生じるなら、布置という心理機序によって共時性という現象が生じる、と考えることができる。つまり、布置というメカニズムは共時性の基礎をなす。また布置と共時性とは、意識と無意識のみでなく、自分と他者とを区別なく巻き込むことになる。(17)

長吉と豆腐屋の主人に対して、同一の夢が共時的に布置した。布置と共時性に関する元型的な基礎は何であろう。この場合の宝物は文字通りの財宝というよりも、危機克服の可能性や人間としての心理的な成長力を表すと考えられる。ここではこれを、可能性の元型と呼びたい。私たちが何らかの心の傷つきに苦しんでいるときには、可能性の元型は癒しの可能性を意味するものとなる。人が遭遇する危機が大きくなればなるほど、布置は共時的に生じるようになる。

癒しがおこなわれるためには、布置に対して心が開かれなければならない。それでは、布置に、心を開くとはどういうことだろうか。炭焼の長吉は可能性の元型、あるいは癒しの可能性に対して心を開くことができた。これに対して、豆腐屋の主人の方は、「つまらん夢なんかあてにしなさるな。……そんなばかげた夢なんか信ずる気にはなれん」と言う。たしかに夢は夢に過ぎないということを知っていることは大切である。しかし夢を逐語的なものとしてではなく、象徴的なものとしてとらえる必要もある。夢の現実と日常の現実とを同一視することは、精神病の場合と同じ危険性を伴う。豆腐屋の主人は夢のなかの老人の言葉を無視したとき、可能性の元型の布置に心を閉ざしたのである。たとえ癒しの布置が生じていても、当人がそれに対して心を開くことができなければ、意味のあることは何も起こらない。長吉は現状の変革を切実に求めていたが、主人はそれを望んでいなかったとも言えるだろう。

布置と共時的な現象について、臨床例に触れておきたい。若い女性臨床心理士が心理療法を担当した、女子中学三年（十五歳）の事例である。患者は三年前の交通事故による頭部外傷後遺症のために、左下肢の不全麻痺がある。リハビリテーションのために肢体不自由児施設へ入所中であるが、自分の名前を呼ばれる幻聴や不眠という症状のために、五か月間の心理療法を受けて回復した。彼女は歩行訓練を受ければ歩行可能なはずだが、二年前施設の廊下で松葉杖で歩行中転倒して頭を打つという出来事を契機に、歩行訓練を拒否し続けてきた。

患者は通院による週一回の心理療法面接開始一か月後には、依然として歩行訓練を拒否していたが、次のような出来事を治療者に語るようになった。中学一年時に施設の廊下で松葉杖歩行の練習中に、並んで歩いていた男性医師が患者を残して黙って先に行ってしまった。患者が急に足がすくんで怖いと思った瞬間、後に転倒して頭を打ち、次にもう一度頭を打つようなことがあったら自分は本当に死ぬだろう、と考えるようになったという。

面接開始四十日後患者は、「私は立って歩いているのに、なぜかお父さんから逃げなければと、車椅子を探している」という夢を、面接場面で報告した。彼女は思春期にあって、交通事故後遺症の克服だけでなく、親からの自立や異性との関係をいかに体験するかという課題とも取り組まねばならなかっただろう。治療者である女性の臨床心理士は、同じ頃次のような夢を見ている。

夢1―1

いつもの面接時間に外来に出てみると、車椅子だけがあって患者がいない。どうしたのだろうと思って周囲を見回すと、彼女が両足で立っている。そしていつものように沈んだ表情ではなく、明るくてよくしゃべっている。私は彼女の足も立つようになったし、これなら病気もよくなるだろうと考えていた。

患者の「私は立って歩いている」という夢と、女性治療者の「彼女が両足で立っている」という夢とは、全く同一ではないが車椅子から離れて立つことができているという点で共通である。患者の癒しの可能性が彼女のみならず治療者の夢のなかにも布置した、と考えることができる。また治療者は、患者と治療者に布置した癒しの可能性に対して、心を開くことができたということでもある。

面接開始二か月余り後、患者は歩行練習を開始し、治療者はさらに次の夢を見た。

夢1―2

なぜかわからないが、私は車椅子に乗っている。車椅子に乗ったまま仕事をしていた。私はちょっと立ってみようと思って車椅子から立ち上がると、立つことができた。そして速く歩いたり走ったりはできないが、ゆっくりと壁づたいならば歩くことができた。

治療者は未だ経験の少ない臨床心理士として、自立を課題として抱えている。この夢には、癒しの可能性だけでなく自立の主題が布置している。治療者は癒しと自立の可能性の布置に対して、心を開いている。興味深いのは、治療者自身が心の一部で病者とほとんど同一のテーマを生き抜いている。このような治療者の心の動きを、私は変容性逆転移と呼んでいる。[18] 患者は面接開始四か月後には松葉杖歩行が可能になり、幻聴体験が消失して施設にも適応できるようになって、高校進学を契機に治療を終結した。その後も症状の再発を見ていない。[19]

ここで述べた布置や共時性は、心理療法の治療者患者関係を検討する際の鍵概念になる。心理療法における治療者患者関係で特に大切なことは、治療者が患者との関係性のもとに、変容性逆転移を生きられるか否かということである。そのために治療者は、いつも心の新鮮さを失わず、両者の関係性に由来するさまざまの布置に心を開くことができなければならない。

第二章　布置の逆転

夢とは何かということから、布置にまで話が及んだ。本章では、布置という現象と関係が深く夢分析における基本問題である、治療者患者関係を検討することにしよう。夢は心の深層の表現であると同時に、治療者患者関係の表現でもある。夢に対する心理療法的な視点を第三の態度と名づけて説明してきたが、「夢を治療者患者関係の表現と見る」ことは、第三の態度における欠くことのできない要素である。夢について言えば、夢を見た人の身近な人間関係が内容に反映されるのは当然である。夢分析では、治療者は夢解釈者の役割を果たす。この現代の夢解き作業について、布置と治療関係を主題として考える。

1　民話「夢占い」

民話「味噌買い橋」では、夢解き人は存在しなかった。夢のなかに人間を超える超越者が登場して夢を見た人に何かを指示する場合、その人が指示に従うか否かは別にして、たいてい夢解き人の存在を必要としない。『更級日記』に登場する夢の多くは、こうした類のものである。夢を見ることによって困難な問題が解決することを期待して、社寺に参籠（インキュベーション）したときのものも同じである。『古事記』崇神天皇の段で、崇神天皇の代に疫病が大流行して国民が根だやし状態に瀕し、天皇は神意を請うために夢を見る。天皇の夢にオホモノヌシ神が現れて、オホタタネコをして彼を祭らせるなら神の祟りは終息し国内も平安になると告げる。この神話も夢解き人を必要としない。

物事はいつもそんなに単純ではない。夢解きの必要な夢も多いのである。夢解釈について考えるヒントになる民話があるので、取り上げてみよう。ドイツにおけるグリム童話集と対比して論じられる、アファナーシェフ編集の『ロシア民話集』(1)から要約して引用する。

夢占い

昔あるところに、老いた農民の夫婦が住んでいた。いつの頃からか二人は、夜な夜な暖炉の下で火が燃えて、誰かが「ああ苦しい、息がつまる」とうめくという夢を見るようになった。農夫がこのことを隣り近所で話したところ、近くの町に住むアソーンという金持ちの商人で、夢占いの名人のところへ行くようにすすめられた。

農夫はアソーンの住む町へ出発する。旅の途中で、貧しい未亡人の家で泊めてもらう。その家には五歳ほどになる息子がおり、農夫を見ただけで行き先や用件を当てる。アソーンに夢占いの謝礼として、暖炉の下にあるものを半分よこせ、と言われても、四分の一しかやってはいけない。このことを教えた者は誰かと聞かれても、私のことをしゃべってはいけない、と未亡人の息子に言われた。

次の日朝早く起きて農夫は、旅を続けて町に着き、アソーンを訪ねた。農夫が夢占いを依頼するとアソーンは、子どもの予想通り、暖炉の下にあるものの半分を謝礼として要求した。しかし農夫がゆずらないので、アソーンは四分の一で承諾した。

アソーンは人夫たちに斧やシャベルを持たせ、自分もいっしょに老人の家へ出掛けて行った。家に着いて暖炉を壊し床板を剝がしたところ、すぐに深い穴が現れた。なかには金貨や銀貨がぎっしりつまっている。老人はたいそう喜んで、さっそく財宝の四等分に取りかかる。謝礼は半分でなく四分の一でいいと教えたのは誰かと、アソーンは老人からしつこく聞き出そうとした。教えた者のことを言えば四分の一の取り分も返すと告げたので、老人は結局子どもについて話す。

商人は老人の家からの帰りに、例の未亡人の家に立ち寄る。アソーンはこの家でお茶を貰いながら、子どもの方を眺めていた。そのとき一羽の雄鶏が家のなかへ駆け込んできて、「こけこっこう」と鳴き始めた。商人が「何をわめいているか知りたいものだ」と話すと、男の子は「あの雄鶏はこう言っているんですよ。いずれあんたが貧乏になって、私があんたの財産をそっくりいただく時がくるだろうとね」と答えた。

未亡人の家から離れるとき、貧乏でない楽な暮らしをさせるからと、商人は子どもを貰って連れ帰る。アソーンはわが家に着くとコックを呼んで、こう命じた。「よいか。あの子を斬り殺し、肝臓と心臓を取り出し、食事のときわしに食べさせてくれ」と。コックは台所にもどって包丁を研ぎ始めたが、男の子は自分を殺すつもりだとわかる。目に涙を浮かべて、殺さないで欲しいとコックに命乞いをする。かわいそうに思ったコックは男の子に教えられて、子どもの代わりに子犬の内臓を料理して、アソーンに食べさせる。男の子はしばらく自分の住まいに隠しておいた。

二月か三月ほどたって、その国の王さまがこんな夢を見た。王さまの宮殿に三枚の金の皿があり、犬たちが駆け込んできて金の皿をなめるという夢である。王さまはこの夢が何を意味するのかわからず、アソーンを召し出した。夢占いを命じて三日の猶予を与え、「三日のうちに占いができなんだら、お前の財産を残らず取り上げてしまう」と宣言する。

アソーンは宮殿からもどってふさぎ込み、「あの子が生きていれば役に立つんだが」と言う。

コックは子どもが生きていると告白し、男の子はアソーンに呼び寄せられる。王さまの夢を自分が見た夢といつわって、アソーンは子どもに占わせようとする。子どもはだまされず、王さまの前ならば隠さずに話すと言った。アソーンは馬車の仕度をさせ、子どもを馬丁台に乗せて宮殿へ出掛けた。

王さまに「わしの夢は解けたのか」と尋ねられたアソーンは、「小さな子どもでも解けるので、せがれがお話し申し上げます」と答える。王さまに呼ばれ夢のことを聞かれた男の子は、こう返事した。「まずアソーンに解かせてください。この男は自分が何もわからないので、卑怯にも他人の知恵を横取りしようとしているのです」と。アソーンは「お前が先に話してみよ」と命じられたが答えられず、この夢は解けないと白状する。

子どもが進み出て、「王さま、あなたの夢は正夢です。王さまには三人の美しいお姫さまがございましょう。そのかたがたが神さまとお父上に対して道ならぬことをなさいましたので、近いうちにそれぞれ王さまのお孫さんをお生みになるでしょう」と述べた。

やがて五歳の子どもが言った通りになった。王さまはアソーンから全財産を取り上げて男の子に与えた。

2　夢の解釈

取り上げたロシアの民話には、夢占いの名人と称される金持ちの商人が登場する。老夫婦の夢では、夢に教えられて地下の領域に宝物を発見するということが、わが国の民話「味噌買い橋」と共通である。「味噌買い橋」では、夢に出てくる老人が超越者のイメージを帯びており、老人の指示通りに行動すれば宝物は獲得できる。つまり財宝の発見という目的のためだけには、解釈なしに目的を達する。

民話「夢占い」では、解釈がなければ宝物は獲得できない。暖炉の下で財宝が、「ああ苦しい、息がつまる」とうめくというのは、隠喩的表現である。隠喩的表現は逐語的な文字通りの理解はできず、何らかの解釈を必要とする。この民話の二番目の夢についても、王女たちを三枚の皿に喩えているわけだから、これもまた隠喩的表現である。そもそも夢は大なり小なり隠喩的表現を含むものであり、その意味ではあらゆる夢は解釈を必要とする。

しかし夢のなかに超越者が登場する場合には、「味噌買い橋」における夢のように解釈の必要性は減少した。なぜかと言えば、超越者の出現によって私たちと心の深層との対話がより直接的におこなわれ、そのために夢の表現も逐語的になり、夢解釈の必要も減ると考えられる。

このロシアの民話では、商人アソーンと五歳の男の子が、夢解き人としての役割を果たす。夢の解釈とは何だろうか。夢は隠喩的表現であり、そこに象徴による超越機能が働くとき、心の分裂や乖離が癒されると述べてきた。毎日些細なことで傷ついている私たちは、夢の世界で超越機能によって自然に癒される、ということを繰り返しているだろう。しかし自分の力のみで何らかの悩みや困難や危機に立ち向かえなくなったとき、私たちは他人の援助を求める。心理療法的な援助がおこなわれるわけである。

心理療法的な援助がおこなわれるとき、夢の超越機能はどのように促進されるだろうか。超越機能が効果的に働くためには、治療者と患者との心理療法的な人間関係の深まりによって治療がなされなければならない。前章で触れたように、治療者患者関係の深まりによって治癒促進的な布置が生じやすくなり、両者が布置に心を開くことによって心の癒しはさらに促進される。それではなぜ夢の解釈が必要なのか。夢に限らず自由連想でもプレイセラピーにおける遊戯内容でも、さらには箱庭作品でも、およそ無意識の要素を含む素材はある程度意識化されなければならない。そうしなければ心を開くこと、つまりそれらとつながりを持つことができない。夢内容に布置された癒しの可能性に心を開くために、夢を解釈する必要がある。

現代の夢分析の前提は、人間は自分の心を通してしか他人の心を理解できない、ということである。したがって治療者自身が癒しの可能性の布置に対して、心を開かねばならない。結局は夢分析を心理療法に用いる治療者は、夢を用いた分析を自ら受けることがその前提となる。治療者は夢を解釈する者でもある。彼の心は布置が生じる場になり、その布置の内容に対して心を開く。

民話「夢占い」に登場する第一の夢について考えてみよう。年老いた農民の夫婦が同じ内容の夢を見ているわけだから、布置する力動の強い夢だと思われる。私たちが危機的状況に置かれれば置かれるほど、個人を超えた元型的なものに影響されればされるほど、布置が複数の人間を巻き込み、夫婦が同一の夢を見るというようなことも起こり得る。ここで前章で取り上げた、治療者と中学生の患者とに生じた布置が想起される。中学生が影響を受けた、心の傷つきと癒しや生と死の問題は、きわめて元型的な主題である。農民の老夫婦はおそらくは貧乏で、人生にも行き詰まりの状態にあったと考えられる。そのためにこの夢では、地下の領域から財宝を獲得するということが主題になっている。財宝は貧乏を解決するものであるが、同時に老夫婦の行き詰まりを解消する可能性をも意味するだろう。

アソーンはこの夢を一応解くことができる。一応と言ったのは、金持ちで欲深いアソーンにとって、暖炉の下に隠されていた財宝は、文字通り財宝としてのみの意味しかなく、「味噌買い橋」で論じた可能性の元型という側面には、全く気づいていないからである。この夢占い師は金銭への強い関心のために、暖炉の下でうめくものが金銭としての財宝であることは、そうしたものの彼の心への布置を通してわかり、さらにそれに心を開くこともできただろう。したがって、アソーンは、第一の夢についての一面的な解釈は可能だったわけである。

商人アソーンを夢分析を用いる心理療法家になぞらえると、彼の態度は間違っている。暖炉の下でうめき声が聞こえるという夢は農民夫婦のものであって、財宝も彼らに帰属するものである。夢解きの報酬あるいは夢分析の料金は、発掘される財宝の何分の一、あるいは患者における将来の可能性の何分の一というような規準で支払われるべきではない。夢分析の能力によって治療者が、患者から何かを奪ったり、患者を支配したりすることのないように自戒しなければならない。これらのことは心理療法家のモラルの問題であるが、それだけではない。つまり治療者が中立的で禁欲的でないならば、患者は自身の課題を心理的に体験できないようになり、結局治癒は進展しない。

3　さまざまの対極性

民話「味噌買い橋」で、炭焼の長吉は松の根元を掘って財宝を獲得し、それによって村の人びとから福徳長者と呼ばれるようになったという。福徳長者という呼び名には、金銭的な豊かさと道徳心という両側面が込められていると思われる。私たちの心は例えば金銭的な価値と心の豊かさなど、さまざまの対極的な要素によって支配されている。

アソーンは長吉とは相違して、暖炉の下にあるものを金銭的物質的なものとのみ理解し、精神的なものや心の成長可能性としてはとらえられない。布置が元型の持つ対極性に基礎を置くことを考えると、アソーンは両極的な布置の金銭的な側面のみに心を開いていると言えるだろう。

ロシアの民話における第二の夢について考えてみよう。アソーンは王さまが見た三枚の金の皿の夢を解釈できない。王さまの夢はアソーンの心に布置しなかっただろうし、その夢に心を開くこともできなかった。治療者が患者の夢をわかるためには、その夢の主題が治療者に布置することと、さらには治療者が布置に心を開くことが前提になる。王さまの夢がアソーンの心に布置しなかったのはなぜだろうか。

第二の夢は五歳の男の子による解釈では、三枚の金の皿は三人の王女を、駆け込んできた犬たちというのはお姫さまがたのおそらく身分の低い恋人たちを、そして皿をなめるというのは王女らが男たちと恋仲になるということを表す。民話では金持ちの商人アソーンについて、その妻子の存在には全く触れられていない。この場合、子どもがいないということの象徴的な意味は、心の成長可能性が認められないということであろう。アソーンに妻がいないか、いても存在感がないということは、アソーンが異性との関わりを欠くことを表していると解釈できる。そのようなアソーンにとっては、結婚を主題とする金の皿の夢が布置せず、したがってこの夢を理解できなかったのも当然のことであった。

未亡人の家の五歳になる息子は興味深い存在である。アソーンの家に妻と子どもがいないことを考えると、未亡人と男の子の存在はアソーンに欠けていたものを補っている。このように仮定すると、アソーンの存在も全体性の一部ではあるが、彼の心の世界は精神的な価値や女性の存在や、成長可能性としての子どもを欠いた、一面的なものであったことは確かであろう。五歳の男の子は雄鶏の声を人間の言葉に翻訳することができる、超越的な存在である。ところがすぐれた知恵を持つ点で神のような存在である息子は、同時に無力な五歳の幼児でもある。アソーンの命令で自分を殺して料理にしようとしたコックに、目に涙をためて命乞いをしたことからも、彼の無力な一面がわかる。このように無力さと超越性という対極性を兼ね備えた子どもイメージをユングは、幼児元型と名づけている。(2) 未亡人の家の五歳の息子の存在は幼児元型の姿そのものである。

五歳の男児がなぜ二つの夢をともに解釈できたかを考えてみよう。第一の夢について男の子はおそらく、アソーンがわからなかった財宝が持つ精神的な価値あるいは可能性の元型という側面をも理解できたと思われる。夢解きの報酬に発見された財宝の二分の一を要求するのが多過ぎる、つまり商人の貪欲さから出た主張が間違っていることを、指摘したことと無関係ではあるまい。男の子には物質的金銭的な価値だけでなく精神的な価値が布置し、それらに心を開くことができたのではないか。精神的な価値との親和性は、彼が超越的な存在であることとつながるだろう。

男児は第二の夢についても解釈に成功した。五歳の子どもであるにもかかわらず、大人の男性と女性との関係性も彼の心に布置し、しかもそれに対して心を開くことができたのであろう。心理療法家であるためには大人と子ども、男性と女性、健康と病気、さらには治療者と患者など、さまざまの互いに対立する対極的なものの両方の布置を許容し、そしてそれらに対して心を開くことが必要である。布置に心を開くという表現を繰り返して用いているが、ここには布置内容を意識化し、それらを心理的に体験するということが含まれる。

夢分析と心の癒しの問題に関して、対極性によって基礎づけられている元型的なものの布置と、それに治療者がどう対処するかということが問われる。この点を出発点として、新たな視点で考えてみよう。

4　布置の逆転

病者の心の癒しの過程に対して協力し援助するということは、臨床経験を通した作業である。私たちはともすれば、独自性を持つ個々の事例に、学派の理論を無理に適用しようとして失敗する。臨床上の理論はどこまでも仮説であるから、それを治療者自身が再体験し、心のなかで組み立て直す仕事を継続しなければならない。私たちは自分の持って生れたもの、幼児期体験、性格、そういったものを道具にして、心理療法的援助の仕事をおこなう。少なくとも常に、何らかの臨床的な独創性を目指す必要があるだろう。

事例として三十歳代の女性に触れておく。女性は心身症状として、数年間にわたって全身の慢性蕁麻疹に苦しんでいた。患者は心理療法を受け始めて一年後、次のような夢を見る。

夢2―1

先生（治療者）の面接を受けていた。その面接中に先生が、「蕁麻疹が出て痒いので、ちょっと待ってください」と面接室を出て行かれました。二〇ｃｃくらいの注射筒を持ってこられ、打って欲しいと言われました。私は先生に注射をしました。

この夢に関する連想として患者は、「先生に蕁麻疹を移したので、私の蕁麻疹がよくなったかもしれない」と述べている。実際夢を見て三日後に、長い間注射や薬でも効果のなかった慢性蕁麻疹が消失した。心理療法における転移逆転移関係の性質を考えるために、この夢は有用な役割を果たしてくれる。ユングは病気治療の本質を、次のように述べている。つまり患者が自分の病気を治療者に移して、治療者がその病気を治す。それによって患者の元の病気は治る。なおこのとき、治療者自身が病気になってはならないという。[3] 今取り上げている患者の場合にも、蕁麻疹を治療者に移し、それを患者が治療している。その結果現実に、患者の慢性蕁麻疹は治癒し、その後再発していない。

ここでは、別の視点から検討することにしよう。夢2－1を患者から報告されたときの新鮮な驚きを、今でも記憶している。患者の夢のなかで、現実にはまったく蕁麻疹が出ていない治療者が蕁麻疹の痒さに苦しみ、病人であるはずの女性が治療者に変身する。治療者であるはずの私は、患者になって治療者に変わった患者から注射をしてもらう。私の驚きと不可思議な感情は、治療者と患者との立場の逆転からきていると思われる。私はこのような現象を布置の逆転（the reversal of the usually constellated roles）と呼び、心理療法における癒しの基本的な機序を表すものと考えるようになった。布置が元型に基づいているように、布置の逆転も元型に基礎づけられている。特に元型の基本的な性質である、対極性に由来すると考えられる。

ユングは、私たちの態度が極端に一面的になると、やがて無意識的な対極物がそのように一面的な意識領域を圧倒し占領してしまうとして、このような現象をエナンチオドロミア（相互反転）と名づけた。(4) その際彼は例としては、十八世紀スウェーデンの自然科学者スウェーデンボリの名前を挙げている。つまり博識の自然科学者スウェーデンボリはその極端な博学ゆえに、後には全く非科学的になり、科学者とは正反対の霊視者になり果ててしまう。このようにユングのエナンチオドロミアは個人の生き方の問題であって、治療的な対人関係に視点を置いたものではない。心理療法を考えても、極端に病気が進めばある時点で突然に回復に向かうということを期待できるものではない。したがって本書の布置の逆転という考えは、エナンチオドロミアの視点とは別のものとして取り扱った方がよいだろう。

心理療法的な対人関係、つまり転移逆転移の見方から、夢２－１を振り返って検討してみよう。蕁麻疹の状態とそれからの回復とは、病と治癒という対極性によって構成される元型的なものである。病者と治療者も元型的な対極性によって支配されている。治療者は治癒や健康に対して心を開くばかりでなく、患者や病気へも心を開く必要がある。治療者としてさまざまの元型の建設的な側面ばかりでなく、破壊的な側面をも受け入れられるか否かが、治癒への鍵を握っている。

この夢の場合にも、分析心理学の立場からの心理療法を開始してから一年がたち、患者の心と体についての理解が進み、治療者が患者の存在を全体として受け入れられるようになっていた。患者には慢性蕁麻疹という心身症状のみでなく、月経時に問題行動が認められた。治療者が患者の治療を通して、心の病気としてのヒステリーと身体の問題としての内分泌系の機能不全とを認め、心身症状や異常行動に対して心理的に受け入れられるようになったということが、治療の進展に大きな影響を与えている。

病気あるいは患者と健康あるいは治療者という対極的な一対によって構成される、元型を考えてみよう。治療者は自分が健康であるという思いをよりどころとしており、自分も病気になる、つまり患者になり得るということは受け入れ難いことである。しかし、もし治療者が自分の心に内なる治療者のみでなく内なる患者をも発見できるなら、自分自身に患者の元型が布置することを許容でき、またその布置した事実を意識化することもできるだろう。このような場合には、病気と健康によって構成される元型の、病気の布置が患者に、健康の布置が治療者に生じるという固定された関係性が流動化して、病気の布置が治療者に、健康の布置が患者に生じるという、布置の逆転が起こり得る状況ができる。

私たちは毎日さまざまの傷つきを体験している。自分自身に対して治療者になることができれば、心理療法的援助を受ける必要はなくなる。ここで述べている布置の逆転ということは、自分が自身の治療者になるための手段である。布置の逆転は一時的に、つまり患者が病気を自分自身で引き受けられるようになるまでの間、治療者に身代わりになって病気を背負ってもらうということでもある。このような心理機序が転移逆転移関係の基礎をなしている。

5　癒しと限界

心理療法からは少し離れるが、布置の逆転についてさらに考えてみよう。民話「夢占い」に登場する男の子は、金銭欲にも心の成長可能性に対しても、心を開くことができる。男の子はアソーンの命令で危うく殺されそうになって涙するような無力さの一方で、知恵を用いてアソーンを圧倒する力がある。子どもらしい無邪気さと、王さまの夢の解釈で示したような、大人の性愛を理解する力もある。このようなさまざまの元型的対極性に対して、男の子の心が開かれていたために、布置の逆転が生じて物語における登場人物の運命が変化する。

金銭的にも人生上の発展可能性の面でも行き詰まりの状態にあった農民の老夫婦は、財宝の発見によっておそらく人生は好転したであろう。妻も後継の息子も存在しない王さまは、王女たちの妊娠による皇孫の誕生によって、王国は新しい時代に入るだろう。さらには貧しい未亡人の幼い息子と強欲の商人アソーンとの立場も逆転する。五歳の男の子は治療者そのものではないが、さまざまの対極的なものに対して心を開くことができるという点では、示唆に富む存在である。対極的なものに同時に心を開くことが、現状の変容を促進すると言える。

しかし私たちがこの男の子のようになろうとすることは、ときに危険なことである。人間としての限界を超えることはできない。私たちにできることは、内なる男の子の存在を自覚することだろう。このことに関連して、布置と癒しの限界性、さらには治療者としての分別の問題を考えておこう。これらを検討するための資料として、グリム童話から「名づけ親になった死神(5)」を取り上げ、その要約を次に挙げる。

名づけ親になった死神

貧乏な男が、金持ちも貧乏人も平等に扱うという理由で死神に、生れた子どもの名づけ親になってくれるようにたのんだ。死神は名づけ子への贈り物としてその子を名医にすると約束し、よく効く薬草をくれた。医者が病人のところへ呼ばれたら名づけ親の死神がついて行き、死神が病人の足元に立っているのが見えたら病人は回復し、頭の方に立っていたら助からない、と教える。死神は若者に薬草を見せて、「これをわしの意に反して使わないようにしろ」と注意する。

医者は有名になり、大変な財産家になった。あるとき彼は王様の病気で呼ばれた。死神が病人の頭のところに立っていたので、王さまに効く薬草はなかった。ところが医者は死神の裏をかき、王さまを抱きかかえて、寝台に逆さに寝かせた。死神は病人の足元に立つことになった。医者は王さまに薬草を飲ませ、王さまの病気はすっかりよくなった。

死神が医者のところへやって来て、暗い顔をして怒った。今度ばかりは許すが、もう一度だましたらお前の命にかかわるぞ、と言う。

その後間もなく、王さまの娘が病気になり、誰も治せなかった。王女を死から救った者は王女の夫とし、やがて王位を継がせる、と王さまは触れを出した。医者が病気の王女のところへやって来たとき、死神は頭の方に立っていた。王女があまりに美しいために、王さまの触れのことを考えて、医者は死神の忠告を忘れてしまった。死神が恐ろしい顔でにらみつけているのもかまわず、死人を逆さに寝かせて薬草を飲ませた。すると王女のなかに、再び生命が蘇ってきた。

死神は医者を氷のように冷たい手でつかまえて、地下の部屋へ連れて行った。そこに点っていた医者の生命のろうそくの火は死神によって消され、彼は崩れるように死神の手に落ちた。

生と死とは、元型の対極性の典型的な例である。さらには心理療法における心の変容には、しばしば内なる死と生の過程を伴う。これらに関してはすでに、拙著『昔話と夢分析』で論じた。ここでは別の視点から検討しよう。興味深いことに、医者が機知を働かせることによって、王さまと王女における生と死の布置が逆転し、二人は死の病から回復する。これはなぜ成功したのだろうか。これまで述べてきたことから理解されるように、医者と死神が二人一組になり、生と死の両極に対して心を開くことによって、布置の逆転を生じることができた。医者はもっぱら生に心を開き、死神はもっぱら死に心を開いた。このような二人一組の協力的な関係が成立しなくなったとき、二人は癒す力を失い、医者自身が死を迎える。

心理療法家が心理療法家であり続けるためには、医者であると同時に死神でなければならない。生にも死にも心を開くことができなければならない。ある主題に対して心を開くとは、その主題の持つ意味をある程度意識化できることが必要である。心を開くためには、意識化するだけでなく、その主題に対して想像力を用いることが可能でなければならない。

民話のなかでなぜ医者は、命を失うことになったのだろうか。これまでの議論からわかるように、医者が死について想像力を用いることができなかったからであろう。医者は王女があまりに美しいために、死神の警告を忘れてしまった。つまり自分に迫った死の危険を想像することができなくなっている。

治療者が治療者であるためにもうひとつ大切なことは、医師や臨床心理士としての分別である。心理療法家も医師も、分別を忘れて思い上がってはならない。心理療法家が援助できる対象は、重症ではあっても回復力を備えた人たちである。自然の回復力が働かない人びとに対して、治療者が限界や分別を超えて援助することは危険である。莫大な報酬を得ようとか、美人の王女と結婚して王になろうとか、医師や心理療法家の分別を超えた望みに動かされて、安易に布置の逆転を図るべきではない。治療者としての私たちにできることは、想像力を用いてさまざまの対極性に対して心を開く努力であり、その結果布置の逆転が生じるか否かは、私たちが決定することではない。

夢を理解するためには、元型的なものの布置に心を開かなければならない。元型は経験的に対極的な性質を持っているので、心を開く主題はそのとき布置している元型の一方の極のみでなく、未だ布置せざる他方の対極にも心を開く必要がある。例えば夢2－1についても、治療者が健康の極ばかりでなく、病気の極に心を開くことによって、患者の方は逆に、それまで心を開けなかった健康の極に心を開けるようになった。治療者が患者の病気を、想像力を用いて受け入れることができたのである。

患者の夢を理解し解釈する作業は、治療者の心が自分自身を振り返ること、そして治療に参加することによって初めて可能になる。夢解釈ができるということと、実際に解釈を患者に伝えるかどうかということとは全く別物である。ここでは深く立ち入らないが、患者が解釈を受け入れられるときに受け入れられるだけ投与することに意味がある。治療者と患者との関係性のもとで、患者が治療者に対して抱く感情を転移という。患者との関係性に影響されて、治療者が患者に抱く気持を逆転移という。心理療法過程に治療者の心が深く参加するとき、そのときの治療者の心の動きはすべて逆転移である。

6 逆転移

精神分析の領域で、ラッカーの『転移と逆転移』は古典的な業績となっている。ラッカーは逆転移を神経症的逆転移と本来の逆転移とに分け、後者を融和型逆転移と補足型逆転移とに分類した。[6]融和型逆転移は、分析家が自我と超自我とイドという自分の人格部分と、それぞれに対応する患者の人格部分とを同一視することで成立する。補足型逆転移は分析家が自分の自我と、患者の超自我など内的対象とを同一視することによって形成される。そしてこれら二つの逆転移がしばしば、同一の心理療法的関係に混在している。

これまで検討してきた、元型の対極性と布置の視点から、転移逆転移関係を考えておきたい。夢2－1を通して取り上げた患者を例としてみよう。この夢を見た治療段階では、患者の心には蕁麻疹という病気が、治療者の心には健康で病気とは無関係の治療者という主題が布置していた。しかし治療者が自分の心に未だ布置せざる病気に対して心を開くことが契機になって、患者は健康に対して心を開くことができるようになった。このような治療者患者関係は、ラッカーの逆転移論とは視点が異なる。つまり治療者は患者に布置している病気を自分の病気として共有でき、同時に患者の心に布置していない健康に心を開いている。逆転移という言葉を用いるならば、前者が共有的逆転移で後者が補償的逆転移と呼ぶことができる。[7]共有的逆転移と補償的逆転移は同時に機能しており、これによって布置の逆転が生じる。

ここで述べた分析心理学の視点とラッカーの逆転移論は対立するものではない。治療者は治療の転回点まで問題行動を嫌悪する、患者の超自我と自分とを同一視していたわけだから、ラッカーの補足型逆転移が働いていたと考えられる。共有的逆転移と補償的逆転移とは、ラッカーの融和型逆転移をさらに進展させる手段であると言える。

ところで心理療法家として苦労するところが、重症例の増加とともに、患者から治療関係を維持するのが困難なほどの怒りを向けられたり、経過中に自殺念慮が強くなって、自殺の危険が考えられる場合である。このような場合に、共有的逆転移と補償的逆転移を有効に用いることが考えられる。事例について考えてみよう。

二十二歳の精神分裂病〔現在のDSM（アメリカ診断マニュアル）では統合失調症と呼ばれている〕女性について考える。四年前に幻覚や妄想などの症状を伴って発病した。工員など職場を転々としていたが、五か月前に被害妄想による拒食を主訴として精神科に入院した。五か月間の薬物治療によって幻覚・妄想は軽快したが、無為自閉傾向があり、患者の希望によって薬物療法と併行して、夢分析を用いた心理療法が開始された。

心理療法を開始後数か月後には陽性症状のみならず陰性症状も改善した。しかし精神病転移を生じ、心理療法開始七か月後には治療者と治療そのものにも拒否的になって、面接を受けず拒薬を始めた。治療者である私は一か月間患者との心の交流を欠いて、強い孤独感と悲哀感を抱いた。しかしこの間の治療者を辛うじて支えたのは、その時期患者の心に布置していた怒りや拒否の感情とは対極をなす、患者の心の傷つきと依存性が感じられたからである。治療者は患者の激しい怒りや拒否の感情を共有することは困難で、共有的逆転移ではなく補償的逆転移が優勢であった。ラッカーの視点からすれば、融和型逆転移が働いておらず、患者を拒否している超自我つまり親のイメージと治療者が同一視する補足型逆転移が生じていたわけでもない。

治療者が未だ布置せざる患者の傷つきや依存感情に心を開くこと、つまり治療者がそれらの患者の背後の心理を共感的に想像できるようになったときに急速に改善に向かった。[8] 五か月後には幻覚・妄想が消失し、無為自閉症状からも回復した。治療者が外国留学のため次の治療者に依頼したが、間もなく退院して社会復帰し事務職として就職したという。

本書の視点からすれば、次のように結論できる。治療者が患者に布置している心理ばかりでなく、未だ布置せざる対極的な心理にも心を開くことができるならば、治療者は患者の内なる同行者として生きられるだろう。

第三章　コスモロジーの視点

夢を隠喩的表現として理解することや、夢を布置するものとしてとらえ、その対極性に心を開くことについて、意義を検討してきた。

精神生理学的にも明らかなことであるが、夢の世界は日常の現実から遮断されている。睡眠によって遮断された内界の出来事である夢は、昼間の世界とは構造的に異なる。私たちの精神生活全体が覚醒と睡眠の両方によって構成されているとすれば、夢のなかの生き方は日常をどう生きるかという課題と無関係ではないだろう。

夢を構造のある世界としてとらえ、何らかの解釈仮説を用いて、現実と夢の世界との対応関係を研究することは、私たちがコスモロジーの視点を持つということである。

1　コスモロジーへの関心

コスモロジーという言葉は、宇宙論と訳されている。コスモロジーは本来天文学の言葉で、私たちの住む太陽系宇宙の生成と発達とを研究する分野である。元の勤務先の天文学の同僚は、心理学にもコスモロジーの領域があることに驚いていた。広大な大宇宙と心のなかの小宇宙とにある種の対応関係を仮定することによって、とらえどころのない内的世界を把握するための枠組みを提供してくれるのではないか。少なくとも日常生活の世界と心の小宇宙とは、意味のある相互関係が認められるだろう。

分析心理学による心理療法は、心の深層に対する追究を重要視してきたために、ともすれば今ここでの対人関係よりも無意識の内容を取り扱うことが多かった。個人対個人の対人関係から離れて、個人を超えた深層の普遍的なパターン、つまり元型的なものを探究してきた。精神分析では意識領域に視点があるのに対して、分析心理学は無意識に立脚点があるとも言えるだろう。このように考えると分析心理学の立場からは、個人を超えた心のなかの宇宙を重視するという理由で、ことさらコスモロジーの視点は身近なものとなる。

分析心理学の創始者ユングはコスモロジーという言葉は用いていないが、大宇宙と心のなかの小宇宙との対応関係に注意を払っている。ユングの主著のひとつである『心理学と錬金術』では、ある男性の事例について夢分析がおこなわれている。取り上げられた五十九個の夢のなかでもとりわけ夢26は、コスモロジーの視点から解釈されているので興味深い。(1) この夢では、天空で流量が旋回して落下するという大宇宙の現象と、地上の世界で夢見者がタクシーに乗って町のなかを周回するという行動が対応する。事例のプライバシーの問題もあり、さらにはおそらくユングの普遍的な心理を重視する傾向ということからも、夢見者の個人情報がほとんど得られないのが、残念である。そのため心のなかの小宇宙の出来事とその意味については、検討を進めることができない。

私は精神科専門病院勤務医として、数多くの精神分裂病者の治療を担当してきた。一般に患者は精神病による侵襲が圧倒的であるので、個人としての個別的な体験が相当困難になっている。したがって患者は、病的侵襲と関係する普遍的体験に支配される。

日常の個人的な体験のレベルでは、治療者は患者の心を理解するのが容易でない。私は入院の精神分裂病者に対して、希望する者を選んで、面接中に自由画をクレヨンで描いてもらった。その結果、分裂病的侵襲からの回復過程には、描画によって表される小宇宙の骨格的な内容は、多くの患者に共通であることがわかった。具体的には患者が、未だ病気の侵襲による非現実の世界に支配されているときには、太陽など宇宙的なイメージを主題とする描画をおこなう。そして現実性を回復するとともに、日常世界の描画内容へと変化する。なおここでの自由画は、病気によって日常の現実から遮断されている患者にとって、夢に相当する想像力の表現となっている。

心の癒しということを検討するとき、隣接諸科学から学ぶことは多い。文化人類学者村武精一はコスモロジーを、「宇宙をどのようにとらえるかという解釈の体系である」[2]と定義した。ここで取り扱う宇宙は天文学的あるいは自然科学的宇宙ではなく、それぞれの部族や民族が生成してきた神話的・象徴的宇宙であるという。心理療法について考えるとき、部族や民族は直接の研究対象にはならない。しかし文化人類学者が取り組むさまざまな部族の神話的宇宙と、私たち自身の内的宇宙とはそれほど異なるものではない。例えば精神病者の心の小宇宙は、シベリアのシャーマンがイニシエーションのために体験する精神病類似の状態における小宇宙や、シャーマンが病気治しのときに経験する内的宇宙とは、基本的には類似のものである。精神病でない現代社会の一般の人たちでも、内的宇宙つまり神話的・象徴的宇宙の基本構造は、さまざまの部族やシャーマン、さらには精神分裂病者らの構造と共通である。

比較宗教学の立場からコスモロジーについて大きな貢献をしたのは、エリアーデである。エリアーデによれば神話的宇宙は、天界・地上界・地下界に分けられ、これらの三領域は世界の中心を通過する世界軸によって結ばれている。三界の間は世界軸を通って移動が可能である。例えばシベリアのシャーマンは、病気治しのために世界軸を通って遊離した病者の魂を連れ戻す。エリアーデはさらに、宇宙論的な世界の中心が持つ意義を強調している。私たちが生きる世界が新鮮なものであるためには、この中心において宇宙創造（コスモゴニー）の過程を永遠に反復する必要があるという。以上のようなエリアーデの主張は心の臨床の視点からも、充分に示唆に富むものである。ここに触れたエリアーデの考えは、『宗教学概論』[3]および『シャーマニズム』[4]に繰り返し述べられている。

内的世界の中心において宇宙創造過程を繰り返すというエリアーデの主張は、心理療法事例を通して検討することができる。このような普遍的な心の動きがわが国の文化的伝統として表現されたものとして、伊勢神宮の式年遷宮が挙げられる。平成五（一九九三）年に、第六十一回目の神殿建て替えがおこなわれた。[5] 正確に二十年毎に施行され続けて、千二百年以上に及ぶ、世界の聖なる中心における世界更新の儀礼である。このような儀礼が形骸化することなく現代でも継続していることは、私たちの心を打つものがある。

2　神話の世界

精神病者の内的宇宙の研究を続けよう。精神分裂病者の回復過程における神話的宇宙の解釈を、拙著『王権の心理学』[6] のなかで、『古事記』や『日本書紀』の創造神話と患者の自由画の描画主題との類似性の探求によっておこなった。この研究で新鮮な驚きを感じたのは、宇宙の中心を投影していると考えられる太陽描画がしばしば複数化することであった。さらに私は太陽描画の複数化が、精神分裂病の回復過程のみならず、子どもの発達上で三ないし四歳児の普通の自由画に見られることを知ることができた。[7] このような臨床経験や観察から私は、本来単一とされる心のなかの小宇宙に複数の中心を仮定している。心理的に危機的状況にあるときや、三ないし四歳という成長の転回点では、中心の複数化が生じやすい。

コスモロジーにおける中心イメージの複数性は、人間の自我を存在の根底のところで支えるものとしてセルフ（自己）を仮定するなら、心理的装置としてのセルフに複数性を想定することができる。心の中心に複数性を仮定することによって、私たちが何かに唯一絶対の価値を置いたり、過度に一面的になったりすることを防いでくれる。心理療法の作業では治療者の価値観が来談者に大きな影響を与えるので、中立的な態度を大切にするだけでなく、単一の価値に縛られて他の価値に心を閉ざしてしまうようなことのないように留意しなければならない。

私たちの心の世界は、さまざまの内容によって構成されている。人や動物や植物や無生物の世界など、それこそ森羅万象である。だから小宇宙と呼ばれる。この世界は大宇宙と同様に、空間や時間や色彩や音によって支配される。人間は毎日何らかの行き詰まりを経験しており、そのつど小宇宙の更新を繰り返している。このような行き詰まりやそれによる更新は、健康者や病者の相違を超えた万人共通のものであって、おそらくは基本的に差のあるものではない。私が精神分裂病者を例として取り上げてきたのは、精神科医としての仕事の対象であったということ、さらには更新がきわめて鮮明に生じることからである。分裂病者の小宇宙更新過程については、既出の『王権の心理学』のなかで論じた。精神分裂病は病気としては特殊であるけれども、これを心的危機としてとらえれば、内的宇宙の解釈を考える際に、病気という特殊性を度外視することができるだろう。

3　繰り返されるもの

心理治療における心的宇宙については、患者の宇宙と治療者の宇宙との対応関係を考えなければならない。心の宇宙は、自然な過程として変容する。それに治療者の宇宙がどのように関与するかということが、心の癒しのために決定的に重要である。例えば患者が宇宙創造の過程を体験することによって新しいコスモスを創造するときには、治療者もそれに併行した類似の過程を歩む。宇宙の創造というといかにも精神病など重症例に限定されるように考えられやすいが、それは誤りである。

ここでは心理相談室を訪れた精神病とは無縁のごく普通の女性に対する、ある心理療法家の面接例から引用する。医学的検査では異常を認めないが、胃部不快感や息苦しさがあり、対人緊張に悩んでいるという二十歳代の女性である。一年間におよぶ面接の最終回に報告した夢を、次に示す。

夢3−1

ビルディング位の大きさの世界樹がある。大きな椰子の実のような実をつけ、その実が地面に落ちると樹は枯れ、実が種となって芽が出てくる。何代もの世界樹の枯れた跡が続いている。

私は農夫と二人で畝《うね》を作り、世界樹の種子に似た種を植える。農夫から畝の作り方を教わってやっている。植え終わると大雨になり、畑の下の地下に行って休むことにする。[8]

この夢を見た女性はすでに述べたように、一年間の夢分析を用いた面接によって、症状が解消している。印象深い夢である。世界樹（宇宙樹）のイメージが大きな意味を持っている。世界各地に宇宙樹に関する神話が知られているが、なかでも古代北欧神話の宇宙樹イグドラシルが有名である。イグドラシルは枝を世界に広げ、幹の先端は天に届いている。さらには木は深い根を張り、地下の領域に達する。[9]シベリアのシャーマニズムにおける世界樹も重要である。[10]シャーマニズムの世界樹は、天・地・地下という三つの宇宙領域を連結している。これらの宇宙樹は、三領域を貫く宇宙軸の役割を果たすのである。

何よりも重要なことは、世界の中心における宇宙創造過程が一回限りのものでなく、無限に繰り返す過程だということである。人の一生や生涯の発達が一回限りであるように、私たちはある種の一回性によって支配されている。しかし同時に多数回性によっても決定される。心理療法は、私たちが一回性の束縛から解放されることを通して、初めて成立する。来談者が過去の外傷体験を癒される形で生き直すことによって、心理療法は効果を発揮することができる。コスモロジーの視点からすれば、中心における内的宇宙の更新の作業である。

夢には、何代もの世界樹の枯れた跡が続いている。おそらく女性のこれまで二十数年の生涯にわたる、心の中心における出来事がこういうイメージで語られているのだろう。内的宇宙の中心における世界樹は、中心イメージである太陽の死を『王権の心理学』で論じたことと対応するが、死と再生を繰り返すのである。宇宙樹が枯死するという出来事は、夢見者の心の深層における危機的状況を表している。この女性は、危機的状況を繰り返し体験してきただろう。

神話的宇宙の創造は、危機的状況において繰り返される。しかし同時に、私たちが充実して新鮮な生を生きるためにも、神話的宇宙は繰り返し更新しなければならない。他の心理現象と同様に、内的宇宙の更新にも建設と破壊の両側面が含まれている。

夢3－1を神話的宇宙の更新を表すものと解釈するならば、この女性は心的危機とともに中心に帰還し、旧い宇宙樹は枯死した。つまり内なる宇宙は世界の形骸化を打破するために、死と混沌に還り、枯木となった宇宙樹から落ちた種子の発芽を待って、新しい世界が生れた。女性は宇宙創造以前に繰り返し還って、出直してくる過程をおこなってきた。病理が重い事例だから宇宙創造以前に遡る必要があり、軽い事例だから必要がないというものではない。

4　小宇宙の更新

心理療法的な人間関係の課題は、内なる宇宙の更新過程に、治療者がそして患者自身がいかに主体的に関与するかということである。夢3－1の夢見者は心理療法を受ける以前、神話的宇宙更新の作業にほとんど全く関与していなかったと考えられる。

夢のなかで女性は、農夫の援助を得ながら、宇宙軸としての世界樹を更新する。枯れた世界樹から得られた種を土に播き、それを生長させることによって、天上・地上・地下という三領域が新しくなる。樹が枝を拡げるので、中心は周縁とも新しく結ばれる。

農夫の存在意義は大きい。彼は治療者を連想させる。患者が小宇宙の更新を体験することが彼女の内的宇宙の行き詰まりの解消、つまり心の癒しを達成するということである。夢3－1からわかるように、農夫つまり治療者は小宇宙更新の水先案内人である。治療者自身が内的宇宙の更新を教育分析などを通して、自ら体験していなければならない。治療者が内的宇宙の更新に対して心を開いていることが、患者に同じ心の動きが布置する前提となる。

箱庭を用いた心理療法においても、コスモロジーの視点は不可欠である。内的宇宙更新の作業を、箱庭表現を通して実体的にとらえることができる。女性の心理療法家が治療を担当した重要な事例について、この視点から検討しておきたい[11]。事例は中学校二年生（十四歳）の男子で、不潔恐怖・洗浄強迫を以って始まった。しかし精神科病院外来での治療開始当初から、精神分裂病を思わせる考想伝播や、「他の星から来たエイリアンみたいな宇宙人がベランダに立っており、僕にテレパシーを伝えてくる」と訴え、幻覚妄想の存在も認められた。精神科医の診断は最初の一年間が境界例、その後の三年間は精神分裂病であった。四年間の箱庭を用いた面接を経過した後、治癒に至っている。精神病治療薬が投与されているが、「眠くなる」という理由で規則的な服用はされていない。興味を引かれるのは、患者が箱庭表現を通して心の宇宙の旅を体験したと思われる点である。治

箱庭 3-1　ロケット基地で見た夢

療開始三年半後には幻覚や妄想などの異常体験は認められなくなったが、「ロケット基地で見た夢」と名づけられた箱庭作品（【箱庭3－1】）を制作した。砂箱の中心に発射台上のロケットが置かれ、そのそばに男性が仰向けに横になって、夢を見ながら昼寝をしている。患者はこの頃すでに高校三年になっているが、「この人はロケット基地の近くに住んでおり、気持がいいので昼寝をしに来た。彼は宇宙パイロットになった夢を見ている」と説明した。

この患者はおそらく、自分の見た夢を箱庭作品として表現したわけではあるまい。彼が想像力を用いて、男性が夢のなかで宇宙パイロットになって宇宙旅行をするという箱庭作品を作ったのである。患者の想像力による宇宙旅行の物語が、彼の小宇宙の内容であろう。患者の内的宇宙は、箱庭と夢という二重の装置を使用しながら、想像力によって作り上げられている。心の癒しのためには内なる宇宙空間が更新されなければならない。それは私たちが、想像力を用いて主体的にさまざまな宇宙領域を旅することによってなされる。

ここで述べているような心理療法とシャーマニズムが異なるところは、後者ではあくまでもシャーマンが主導権を握っている点である。シャーマンが遊離した病者の魂を、天上界や地下領域を旅することによって捕らえて連れ帰り、病者の身体に戻す。これがシャーマニズムによる病気治療である。

心理療法では患者が自分自身の病気や課題に、主体的かつ心理的に取り組まなければならない。これは患者にとって心理化の作業である。治療者は患者の心理化を援助する。コスモロジーの視点からは、心理療法家は患者による宇宙空間の更新を援助するために、自ら想像力を用いて内なる宇宙空間を旅できなければならない。治療者は自分自身の独自の心の旅をしなければならないが、同時に患者の課題と類似の小宇宙の旅をもおこなう必要がある。前者は治療者の個人的な課題に基づく内的宇宙の更新であるが、後者は専門職業的な患者との関係性のもとでの更新の作業である。治療者が患者との関係性のもとで、心理療法の道具として想像力を用いる。

患者の夢内容や箱庭作品として表される内なる旅と、それに刺激されて治療者の心に生じた内的宇宙更新のための旅とは、別個のものである。心理療法家として、これら両者の対応関係を検討していくことが大切である。二つの旅は別個のものではあるが相互関係があり、いずれかが他方の原因になるのではない。共通の主題が同時的に布置する。患者の内なる旅に刺激されて生じた治療者

箱庭 3-2　星からの贈り物

の宇宙論的な旅は、転移逆転移の視点からすれば変容性逆転移ということになる。

再び箱庭療法の事例について考えておこう。患者の宇宙論的な旅と、彼の宇宙人に関する幻覚妄想との関連が興味深い。「宇宙人がベランダに立っており、僕にテレパシーを伝えてくる」という幻覚妄想の消失は、患者が主体的に宇宙空間への旅をおこなったことと、密接に関係している。

患者が自ら主体的に宇宙空間を更新することが可能になったので、症状としての宇宙人の訪問を克服できたのである。

患者は四年間の面接における最終回に、「星からの贈り物」という箱庭作品（【箱庭3－2】）を制作した。左上隅に星の国を代表する動物である黒いネコが置かれた。星の国に関するデータが、ネコの体に入っている。いろいろな人たちがネコを遠巻きにして、「すごいなあ」と感動する。ネコの前には、星の国からネコを連れて来た人であるコケシが立っている。星の国からネコを連れて来たコケシは、おそらく患者の自己像であろう。患者が心のなかで星への旅ができたからこそ、彼の内的世界は更新された。星の国からの贈り物であるネコは旅の収穫、つまり患者が病気と主体的に取り組んで得られた心理的な成果であろう。心理的な体験として、想像力を通して宇宙人と交流できるようになった患者は、幻覚妄想の形でエイリアンと関わる必要がなくなったのである。

症状としての患者の自己表現を、想像力の体験に変えていくのが心理療法的な援助である。この際に治療者は、どのような形で関与できるのだろうか。これまでにも触れてきたように、心理療法家自身が内的な宇宙の旅に心を開かれていることが前提となっている。つまり治療者が自らの小宇宙を更新するという作業を通して、患者の更新過程に参加できる。この事例では、治療者自身が内的宇宙の旅に心を開かれていた。この点が、小宇宙更新の動きが治療者と患者との中間領域に布置するのを促進しただろう。治療者と患者とは治療中に偶然、異次元の世界へ旅をして再び現代へ帰還するというストーリーの同一映画を鑑賞していたなど、異界との心の交流という面で、相当に体験を共有していた。患者の内的宇宙更新の作業は、治療者患者関係の視点が抜け落ちると形骸化する。

5　昔話のコスモロジー

これまでの章で、夢とは何かということを考えるために昔話を取り上げた。昔話は夢と同様に、私たちの内的世界の表現されたものである。昔話が内的世界の表現内容ならば、コスモロジーの視点でとらえられるはずである。

宇宙論の観点から、民話「味噌買い橋」を振り返っておこう。炭焼の長吉は信心深く正直だったが、彼を取り巻く状況はおそらく行き詰まっていたと思われる。正直で働き者だが、暮らし向きはよくならなかった。このような状況を打開するためには、心の宇宙の更新が必要である。更新はどのようになされたのだろうか。長吉はある夜夢を見る。夢のなかで仙人のような老人に、沢山から高山まで出掛けて、高山の味噌買い橋の上で立っているように勧められる。

コスモロジーの視点から心の宇宙の構造が重要視されるが、宇宙の内容や人や事物の間の関係性に注目することも大切である。内的宇宙を構成するものとして、人間や動物の他に超越者（カミ）の存在がある。宇宙の構造が更新されるばかりでなく、カミと人との関係性も再構築しなければならない。

長吉の夢に登場する仙人のような老人は、超越者のイメージである。夢を体験することを通して、超越者と人間との関係が変わる。豆腐屋の主人は長吉の影の存在である。長吉と主人の二人は、私たちの心における正反対の両側面であろう。

炭焼の長吉は宝物のありかを発見するために、沢山から高山まで往復しなければならない。水平の宇宙軸にそっての移動である。内的世界を更新するためには、エリアーデの論じるような垂直の宇宙軸による三領域の移動ばかりでなく、水平移動をも必要とする。興味深いのは、長吉が水平移動を通して、夢というような非日常的なものに全く価値を置かない、豆腐屋の主人に出会ったことである。これは何を意味するのだろうか。水平と垂直の世界軸と言っても、その心理的な意味が生きたものとして私たちの心に迫ることがなければ、心の癒しにつながらない。

肝腎なことは、すでに触れたが、治療者が対極的なものの両方に心を開いているということである。信心深く正直で、夢の告げることを文字通りに受け取り、何の疑いもなく高山まで出掛ける長吉の態度と、夢は夢に過ぎない荒唐無稽のものだとして無視する主人の態度である。長吉の態度こそ正しく、主人の態度は誤りとするならば早計である。非日常で非合理なものに価値を置きすぎるのは危険である。対極的なこのような両者の生き方に心を開いて、しかも治療者の両側面がそれぞれ分化していることが必要である。味噌買い橋という名の橋が、対極的な存在である長吉と主人とを架橋する働きをしているのではないだろうか。架橋によって、すでに述べたような元型的対極性による乖離や分裂が癒されるのである。

垂直の宇宙軸を考えてみよう。長吉は自分の対極的な存在である豆腐屋の主人と出会うことによって、自分の家の松の木の根元を掘れば財宝が発見できることを知る。松の木はおそらく垂直の宇宙軸を表している。この宇宙軸は、どのようにして更新されるだろう。松の根元を掘るという作業は、長吉が炭焼を職業にしていることを考え合わせるとおもしろい。土の上に出た部分の木の幹を利用して炭を焼いていた長吉が、それまで無視していた根っ子の部分の重要性を発見する。水平の宇宙軸では長吉は辺縁の領域に住み、非日常性に開かれた存在であった。しかし垂直軸の世界では、木を伐って炭を焼くという長吉の日常の仕事からは気づかなかった地下の領域を、松の根元を掘るようにという超越者の指示によって教えられる。長吉にとって中心としての高山の町を知ることと、松の根元を掘ることによって、水平および垂直の宇宙軸の更新がおこなわれる。彼にとっては高山の町は非日常であり、地下の世界はまた別の非日常である。全体として、日常と非日常との関係性が新しくなった。

6　心の宇宙

宇宙を構成する内容について検討するために、前章で取り上げた民話「夢占い」について考えてみよう。この民話には二つの夢が登場する。第一の夢を解くためには、夢を見た農民が町まで行って夢解き人のアソーンを連れて来なければならない。つまり農民は、町との間を往復する必要がある。「味噌買い橋」の長吉が、沢山から高山まで往復する必要があったことと類似している。農民夫婦の暖炉の下の穴のなかから財宝が発見されるというのも、長吉の家の松の木の根元から宝物を獲得するということと、地下領域から価値の高いものを発見するという点で共通である。このようにして長吉と農民にとって、水平および垂直の宇宙軸の更新がおこなわれた。

民話「夢占い」に登場する五歳の男の子は、超越的な存在である。現代の心理療法では、治療者はこのような超越者ではない。もしも治療者が超越者と自分とを同一視することがあれば、それは危険なことである。治療者が目指すことは、心のなかの超越者との建設的な関係を成立させることである。夢占い師アソーンは、この男の子との協調的な関係を持とうとしなかった。アソーンは男の子の超越的な能力を奪おうとして、彼を殺して肝臓と心臓を食べようと試みる。治療者や夢解釈者が超越者に同一化することは、人がカミになることだから危険である。

アソーンは王さまの夢を解釈することに失敗し、全財産を男の子に与えなければならなくなる。男の子とアソーンとの身の上の変化は、小宇宙の内容の変容と見なすことができる。二人の対人関係から考えた場合、布置の逆転が認められる。

王さまが見た夢は、超越的な五歳の男の子のみが解釈できた。超越者ではない私たちが「三枚の金の皿と犬たち」の夢を解釈するためには、王さまに三人の娘があり、それぞれに恋人がいることなど、夢見者の王さまについての個人的な情報、さらには夢に対する王さま自身の連想が必要である。治療者は超越者でないから自分とそれとを同一視することは危険だが、同時に患者からの超越者像の投影を拒否することも非治療的である。私たちの心が癒されるためにはしばしば、長吉がそうであったように内なる超越者との関わりの更新が求められる。心のなかのこのような動きはたえず投影の対象を求めており、超越者は大なり小なり治療者に投影される。治療者は超越者像の投影を拒否せず、しかもそれと同一化して誇大的になることのないように心しなければならない。

「夢占い」における農民夫婦は、老人として語られている。子どもはない。ここに、内的宇宙の行き詰まりを見ることができるだろう。アソーンには妻子がない。王さまには三人の王女がいるが、王妃も王子も存在しない。未亡人の家には息子はいるが、父親はいない。この民話全体が、何らかの行き詰まりの状態にある。

老農民夫婦の生活上の行き詰まりは、財宝の発見によって克服されただろう。しかし世界の真の更新のためには、新生児の誕生が必要だと考えられる。子どもの誕生は、王さまの宮廷で生じる。金の皿（王女たち）という高貴なものが犬（王族でない男たち）との接触による、対極的なもの同士の関わりと新しい可能性の誕生を連想することができる。私たちの小宇宙が行き詰まりを克服しようとして変容するためには、その世界に生きる人間が更新される必要がある。夢占い師がアソーンから未亡人の家の男の子へと世代交代するのも、世界内容を更新する出来事である。

拙著『昔話と夢分析』(12)で取り上げた日本版民話「手なし娘」に触れておこう。両腕を切断された娘に両手が生えるのは、世界内容の更新である。小宇宙の内容としては、破壊的な継母と手なし娘との関係性が、娘とその子との建設的な関係性へと変容する。手なし娘は社に参拝することによって、超越者との関係性をも更新したのである。民話「手なし娘」のなかで最も感動的な部分は、娘が背中からずり落ちる子どもを、無い手を用いて抱き止めるところである。後にも論じるが、ここに娘の想像力が働いている。

心の神話的・象徴的宇宙の解釈仮説について述べてきた。さまざまの多様な仮説が可能であるが、私がここに提出した仮説は内的宇宙の空間軸や時間軸の、さらには世界内容の更新によって心が癒されるという視点である。世界内容は人間や超越者ばかりでなく、光や音によっても構成されている。キリスト教聖書「創世記」にある神の言葉「光あれ」[13]は有名である。これは内的宇宙の創造の作業であるが、一回のみの出来事ではなく、小宇宙更新の動きとも見なすことができる。音による宇宙の更新は、音楽のもつ宇宙論的な意味に通じる。もっと単純なものとしては例えば、チューリッヒ郊外マイレンで二月の未だ暗闇の支配する早朝、子どもたちがカウベルなどさまざまな鳴物を鳴らして歩く行事がある。音によって宇宙を更新して春を迎える作業であろう。わが国の神社で参拝時におこなわれる、鈴を鳴らすことや柏手も、音による宇宙更新の作業である。

私たちの心が傷ついたとき、小宇宙更新の作業がおこなわれる。このような作業に心理的にいかに関与するかが、治療者の課題である。

第四章　怒りと心の変容

心理療法場面では、治療者が病気を受容することが課題とされてきた。心理療法家が治療者として充分訓練されているなら、患者に怒りを感じることなどあり得ないことのように考えられている。治療者の受容性は、自ら心を閉ざすことではない。心理療法家が自分の持つ感情に心を開くことは、患者が重症になればなるほど重要性を増す。治療者が抱く感情のなかで怒りは、患者や自身の心の傷つきと密接に関係しているために、特別に心理療法的意義が大きい。

治療者が患者との心理療法的関係のもとで体験する怒りは、破壊的に作用するとは限らない。もしも治療者が患者に怒りを感じながら抑圧したり分裂させたりするなら、それは当然患者に最も悪影響を与える。本章では、治療者患者関係において生じる怒りについて考えよう。怒りを心理的に体験することを通して心を分化させ癒しを促進するために、私たちはどのような取り組みが必要だろうか。

1　民話と怒り

民話「蛇聟《へびむこ》入り水乞型」で表現された怒りの主題については、すでに拙著『昔話と夢分析』のなかで取り上げてある。境界例の患者が怒りを体験することが心の癒しを促進することがわかった。そこでは、怒りを向けてくる患者に対して、治療者は怒りを受け取る側として傷ついていた。心の癒しはこのような形で生じることがある。しかし治療者と患者との関係は概して相互的だから、治療者自身が内なる患者に対して怒りを向けることも意義深い。このことを検討しよう。物語の概要を示すことから始める。

蛇聟入り

昔あるところの長者が、娘を三人持っていた。日照りが続いて、田んぼの水が干上がっていた。田んぼに水を入れてくれた者には娘を一人嫁にやる、と長者は独り言を言った。翌朝長者が田に行ってみると田に水がかかっており、田んぼの真中を沼の主の大蛇がのそのそ動いていた。長者は困って、寝込んでしまう。長女から順番に、蛇に嫁入りしてくれるようにたのむ。長女と次女には断られたが、末娘が「お父さまの言うことなら何でも聞きます」と承知する。末娘は父親である長者に、針千本を刺した真綿を千成りふくべ［ひょうたん］につめたものを用意してもらう。

末娘は沼へ行き、千成りふくべを浮かべて、「このふくべを水のなかに沈めたお方の嫁になる」と宣言した。沼の主はふくべを水に沈めようと泳ぎまわっているうちに体を針に刺されて、血を流して死んでしまった。

大蛇を殺した末娘は、父親と姉二人の住む家には帰らず旅に出る。旅の途中、蛙の婆さまが出てきた。蛙の天敵である大蛇を退治してくれた礼に、婆さまは被ると婆さまになることで娘を守る、おんばの皮をくれる。娘はおんばの皮を被って旅を続け、別の長者の家で下女として働くことになる。夜おんばの皮を脱いで本を読んでいるところを、娘はその家の長男に見初められる。長男は恋の病になる。病は娘が原因だとわかり、二人は結婚して幸福に暮らす。(1)(青森県三戸郡)

昔話には一般に、登場人物の感情は語られていない。昔話は人間の心の活動の骨格的な内容のみを表現するからである。この物語でも、末娘による父親や姉たちや大蛇に対する、あからさまな怒りは述べられていない。しかし娘による蛇の殺害には、彼女の激しい怒りが込められていると考えられる。私たち読者は、昔話で省略されている感情を補って読む必要がある。感情の省略は、昔話が心の骨格的な表現であるという理由からばかりでなく、登場人物が自分の感情を意識していないことにも由来するだろう。いずれにしても語られていない人物の感情を補って読むことは、登場人物に感情移入することであって、心理療法で治療者が充分感情体験ができない患者を援助する場合とよく似ている。感情移入は私たちの想像力を用いておこなわれる。

末娘が沼の主の大蛇を殺害するという行動に出たのは、激しい怒りの感情からだったと思われる。そうでなければ、娘が不気味で圧倒的な大蛇から逃げずに対決し、しかも殺害するということは考えられない。なぜ末娘は大蛇に対して、彼女の知恵を用いて殺害するほどに激しい怒りを抱いたのだろうか。その理由を考えてみよう。

私たちが自立した存在である限り、個人でも国家でも権利が侵害されたり自由な意志が奪われようとしたら、当然のこととして怒りを感じるだろう。姉娘二人は、父親がその場逃れで蛇と約束したための苦境からの脱出を、援助しようとしない。父の願いを受け入れて蛇に嫁入りすることもない。彼女たちは父親と末娘を含む四人の家族に降りかかった困難に対して、自分たちの身の上のこととして取り組もうとしない。当事者能力を欠いている。

末娘は「お父さまの言うことなら何でも聞きます」として、大蛇と結婚することを承諾したかに見える。しかし実際はそうではない。彼女の家族全体に生じた苦境を、自分で考え出した計略を用いて克服しようとした。大蛇は末娘にとっておそらく原初的な異性であり、同時に支配的な態度で自分の約束のつけを娘に払わせる父親であり、物語に個人として登場しないためにかえって呑み込む力が強くなっている母親をも意味するだろう。末娘は、結婚というような人生の重要な決定を娘にさせないで親の犠牲にならせようとする父に対する怒りを、そして不気味な異性に対する怒りを晴らそうとする。彼女は冷静な知恵をもって父親に、たくさんの針を刺した真綿の詰められたふくべを用意させる。末娘は蛇という原初的で未分化なものが、文化を象徴する縫針の力に勝つことはできないことを知っており、そうした知恵を用いて大蛇を殺害する。

2　投影の強制力

「蛇聟入り水乞型」では、末娘によって「対決する女性」あるいは「行動する女性」が描かれている。しかし「美女と野獣」に登場する末娘は、父親の願い通りに異類と実際に結婚する「受身的女性」である。受身的女性の野獣に対する愛情によって、魔女の力で動物に変えられていた王子が人間に変容し、王子と女性は幸福な結婚を成就する。水乞型では末娘は最初から、大蛇という受け入れ難いものと結婚する気持はない。末娘はおそらく怒りの感情から、それにもかかわらず冷静に知恵を用いて、蛇聟を殺害してしまう。このような女性像は怒りの女性、対決する女性、自立する女性など、さまざまの名称を冠することができるだろう。

私たちはどのようなときに怒りを感じるのであろうか。他者から怒りを向けられたときに自分が逆に相手に怒りを感じる場合、同態復讐法と呼ばれる「目には目を、歯には歯を」の怒りが含まれている。親切にされると相手に好意的になるが、攻撃されたと感じると仕返しをする。このような心の動きはさまざまな人間関係に影響を与えており、心理療法的な対人関係も例外ではない。治療者は病者から怒りを向けられるとき、傷つけられたと感じることがある。特に病者が怒っている理由が理解できない場合には、私たち治療者は「目には目を」の怒りの影響を受けやすくなる。病者が治療者の怒りを受け取らなければならないときには、病者の心の傷つきは大きくなるだろう。治療者として、同態復讐法による治療に対する影響を、想像力を働かせることでなるべく少なくするのが課題である。

その他の種類の怒りについて考えてみよう。「目には目を」の怒りよりも、はるかに心理療法や癒しの問題に関係が深い。あらゆる対人関係に投影の機制が働いているから、投影と関係する怒りは普遍的なものである。怒りの情動は、心理療法的人間関係と切り離せないほど深く結びついている。

心理療法における治療者の役割として、投影の引き受け手となるということがある。私たちは心理療法家としてさまざまの投影を病者から向けられ、それに耐えながら行動化することなく、どこまで生き抜くことができるか問われている。しかし投影は、投影する者からされる者への押しつけを含んでいる。その強制力のなかで逃げ出さず、治療者として生きることは容易でない。特に治療者と患者とで形成される治療的対人関係が密接になると、投影は単なる投影ではなくて投影同一化へと変化する。この場合、投影同一化を向ける者の受ける者への強制力ははるかに強力になる。

「蛇聟入り水乞型」の末娘は、原始的で未分化な男性である大蛇の、異性として生きることを強制されようとする。同時に彼女は、苦境に陥った親の身代わりとして犠牲になるようにとの願いを、一旦は受け入れるかのように振舞う。つまり、親の理不尽な願いにも無批判に従うように強制されるのである。このことは、グリム童話「蛙の王さま」(後出)の王女でも同様である。まりで遊んでいた王女は突然、蛙で表される母親的なものとのつながりの強い原初的な男性(蛙)に、異性として生きることを強制される。蛙は魔女の魔法によって、王子から蛙へと変身させられていたのである。

投影あるいは投影同一化による強制力については、心理療法全般に言えることであるが、境界性人格障害者に対する心理療法ではとりわけ顕著である。境界例の人は大人でありながら小さい子どものように、部分的に他者と融合しており、自分自身になることができないまま生活している。しかも境界例患者は破壊的な親から自分を守るために、容易に心の分裂を生じてしまう。患者の治療者に対する態度を考えると、朝に治療者が温かで身近な人に思われていても、その日の夕方には治療者が自分を見捨てる冷たい存在だと信じてしまう。患者の心には、子ども思いの実母のイメージとともに、執拗に破壊的なことをたくらむ継母が住んでいる。

境界例患者の心のなかに住んでいる実母と継母が、治療者の心にさまざまの形で投影されて、患者は自ら気づかずに治療者を強制的に支配しようとする。例えば、治療者に継子の希望を何でもかなえてくれる実母が投影されたらどうだろうか。グリム童話「灰かぶり」では、実母の墓に生えた木に飛んできた白い小鳥はシンデレラが祈ると、何でも望み通りのものを投げ落としてくれる。白い小鳥は、亡き実母のイメージを背負うものである。境界例患者が治療者に今は亡き実母のイメージを向けるとき、「何でも望み通りのものを与えられる」ことを期待して要求し、それがかなえられないと、治療者像を破壊的な継母へと変容させる。

3　押しつけに対する怒り

ここで述べているような投影は強制力を伴っており、クラインが一九四六年に述べた投影同一化(2)に相当する。治療者は、何でも望み通りのものを与える母親にはなり得ない。そのような母であろうとすることは、心理療法的に危ないことである。私たちはしばしば心温かく受容的な治療者であろうとするが、このような心の動きは危険性を含んでいる。治療者は自分の心の動きに対して、禁欲的に対処しなければならない。

患者は治療者に対して、自分に特別に関心を向けるように要求する。それによって治療者の自由を奪い、支配しようとする。こうした病者による無意識的な治療者支配の理不尽さに対して、病者がそれに盲目であればあるほど、治療者の心に一層怒りが生じる。このとき治療者は、自分自身の怒りに向き合う必要がある。

不気味で支配的なものへの激しい怒りが表現されている物語は、西洋にも見出せる。「蛇聟入り水乞型」と比較するために、グリム童話「蛙の王さま(3)」の要約を、次に挙げておく。

蛙の王さま

昔一人の王さまとお姫さまたちがいた。末の王女はとりわけ美しかった。お城の近くに大きな暗い森があり、森のなかに水の湧き出している泉があった。王女は暑い日には、すずしい泉のへりに座ることにしていた。退屈すると黄金のまりを取り出して上に放り投げては、落ちてくるのを下で受け取る遊びをするのが、何より好きだった。

あるとき黄金のまりが、王女の手のなかに落ちてこず、地面をころがって水のなかへ入った。泉は深く、まりは見えなくなった。王女が泣いていると、一匹の蛙が水から出てきて、理由を尋ねた。

王女は、大事な黄金のまりが泉のなかへ落ちたので泣いていると答えた。王女の遊び友達として同じ食卓に座らせ、同じ黄金の皿で食べさせ、同じコップで飲ませ、同じ寝床に寝かせることを約束するなら、蛙は泉の下から黄金のまりを拾ってくると言う。王女は約束するが腹のなかでは、相手が蛙だから約束は守らなくてよいと思っていた。

蛙は泉の下に沈み、まりを日にくわえて出てきて、草のなかへ放り出した。王女はまりを拾い上げるなりかけ出し、蛙のことはすぐ忘れてしまった。

翌日王さまたちと食卓についている王女のところへ、蛙が訪ねてきて約束の履行を迫る。事情をきいた王さまは、王女に約束を守るように命じる。蛙は王女と同じ食卓に上り、同じ皿とコップで飲み食いをし、食後には一緒のベッドに寝かせることを求める。王女は冷たい蛙が気持わるくて泣きだしたが、王さまはそれでも約束を守るように命じた。

王女は二本の指で蛙をつまんで二階へ持って行き、寝台の隅へ置く。王女がベッドに横になると蛙は、上へあげて一緒に寝かせないと王さまに言いつけると脅す。

これを聞いたとき今度こそ王女は、すっかり腹を立てて蛙を拾い上げるなり、「さあこれで楽ができるだろ。いやらしい蛙ったらありゃしないわ」と言って、力まかせに壁へ叩きつけた。ところが蛙が下へ落ちたときには、蛙ではなくて人なつこい美しい目をした王子さまだった。

王子は王さまの気に入り、婿と決まった。王子は王女に、自分が悪い魔女の魔法にかかっていたこと、明日は王女を連れて国へ帰ることを話した。朝になると王子の忠臣ハインリヒの御する白馬八頭立の馬車が迎えにきて、二人を乗せて王子の国へと旅立った。途中では喜びのあまり、ハインリヒの胸の悲しみの三本のたががぱちんという音をたてて、次つぎと飛び散った。

4　変容させる力

「蛙の王さま」では、王女が蛙という対象に対して怒りを向けることによって対象が変容するありさまが、きわめて印象深く語られている。女性が未分化で原初的な異性に対して激しい怒りを向けることが、その対象がより分化し人間化する点で、「蛇聟入り水乞型」と「蛙の王さま」の物語では基本的に同じであろう。「蛙の王さま」では、魔女によって蛙に変身させられていた王子が、王女に怒りを向けられることによって元の王子に変容する。正確には元の王子そのままではなくて、魔女つまり母なるものの破壊性を克服した大人の男性へと成長している。

「蛇聟入り水乞型」の場合、末娘によって激しい怒りを向けられて殺害された蛇聟は、蛙のように早速には変身しない。しかしおそらくは、別の長者のところの長男が、末娘に殺害された大蛇の変容した姿だと考えられる。末娘にとって大蛇は、原初的な異性であると同時に支配的な父親や未分化な内なる母親でもある、大蛇を縫針を用いて殺害できたからこそ、蛇で表されていた対象は、長者の息子という人間のレベルへと変容したのであろう。

『昔話と夢分析』では、病者の怒りによって象徴的な死を体験する治療者を論じた。治療者から見捨てられたと感じることによる怒りを、病者が治療者に向けることによって、「蛇聟入り水乞型」の末娘が自立を達成したように患者の分化が促進されると考えた。治療者が病者の怒りを引き受けて象徴的な死を体験したことが、病者における変容の布置を促進しただろう。境界例患者は未分化で不気味な内なる対象を治療者に投影し、その投影した対象に怒りを向けて殺害することによって、内なる対象との融合的関係を分化させたと思われる(4)。

「蛇聟入り水乞型」の末娘は、父親の言うことなら何でもきくという、父親との融合的関係を克服しなければならなかった。末娘は個人としての母親はいないが、原初的で破壊的な普遍的母からは、大蛇の殺害を通して分化する必要があった。末娘を理不尽に支配しようとする大蛇は、娘の個を認めようとしない父親であり、蛙の婆さまとは対極をなす破壊的な母親でもあったろう。

心理療法における怒りの問題を考えるとき、ともすれば病者の怒りのみを考えてしまう。教育分析やスーパーヴィジョンを通して怒りなどの原始的な感情は解消しており、治療者は患者に対して激しい怒りなど抱くはずがない、と思ってしまう。心理療法家としての訓練を積んでいても、治療者がさまざまの感情とともに怒りを体験し、それを自分の心のなかに抱える、つまり変容の器のなかに保持し続けることは、治療的に大切なことである。もちろん個人的なコンプレックスに由来する怒りに圧倒されて行動化することのないようにする訓練は、治療者は当然受けていなければならない。怒りの感情には、自分と対象とを分化させる働きがある。

「蛇聟入り水乞型」において、末娘によって殺害される大蛇の姿に、治療者を見ることができる。しかし同時に「水乞型」の大蛇や「蛙の王さま」の蛙に、投影同一化によって無意識的に治療者を支配する、病者の姿を発見することができるだろう。

私たち治療者は結局、怒りを引き受ける者であるばかりではなく、怒りを向ける者でもある。怒りを引き受ける者と怒りを向ける者とは、元型的な両極をなしている。治療者がこのような元型の両極に対して心を開くことがなければ、怒りの問題に治療的に対処できないはずである。自分の心のなかの怒りに治療者が気づき、それを心理的に体験することができて初めて、病者の怒りを治癒促進的に取り扱うことが可能になる。

5　事例

臨床事例を取り上げて考えてみよう。事例は三十歳代後半の女性で、専門職に就いている。変化の激しい抑うつ、自殺念慮、さらには神経性過食症や慢性便秘というような心身症状に苦しんでいた。面接開始三年半後にはすでに慢性便秘は解消し、その他の症状も軽くなっていたが、分裂や投影同一化という防衛は依然として活発であった。

電話による症状の訴えに治療者が料金を請求したことを契機に、患者は治療者に直接怒りを向け、面接拒否を宣言した。この治療段階ではなお、患者の心のなかの治療者イメージは、彼女に対して共感的になったり拒否的になったりして、相当急激に揺れ動いていた。患者の心は分裂の機制によってこのように変動したが、治療者である私は、患者に操作され支配されているように感じた。

患者が治療者に言葉によって怒りを向け、面接終結を宣言したとき、治療者は相当激しい怒りを患者に対して感じた。この怒りは、治療者が患者に操作されることへの怒りであっただろう。私は患者に対して、面接の枠組みを守るように求めた。治療者は面接の場の管理者責任者として、患者との間に自ら適切な距離を取らなければならない。患者が電話などの手段を用いて治療の枠組みを破ることを要求するとき、枠組みの維持が重要となる。

「蛙の王さま」の王女は、蛙とさまざまの約束をした当事者だから、同じ寝台に寝るのは拒否できないかもしれない。しかし「蛇聟入り水乞型」の場合には、末娘は無責任な父親によって大蛇との結婚を強制される。末娘が結婚を自ら買って出たように見えても、それは父親によるある種の強制力に従うことであろう。私が患者に感じた怒りは、自分に結婚を強制しようとする大蛇に対して向けた千本の針のようなものだった、と言えるのではないだろうか。「蛙の王さま」において、相手の気持を斟酌せず一途に約束の履行を迫る蛙に対する、王女の心理とも通じるだろう。

患者は電話を通した症状の訴えに対して面接料を請求されたとき、見捨てられ感情とそれに対する怒りを体験していた。治療者である私は病者の面接拒否によって、すでに述べたように、病者から操作され支配されることへの怒りと同時に、見捨てられによる怒りをも感じていたと思われる。治療者の心のなかには、しばしば複数の心が同時に存在する。私は別の患者からの怒りの表現について、「病者から（ナイフや剃刀を面接に持参するような）極端な怒りを向けられたことに対して、当惑や反発よりも寂しさや悲哀感が強くなった[5]」、と述べたことがある。

本章で取り上げている女性の場合にも、面接拒否という形で表現された病者への怒りを受け入れ、つまり治療者が針千本で殺害される蛇となって末娘としての病者の変容を助ける、という心の動きも認められただろう。病者の怒りを引き受けて治療者の心の一部が殺害されるという、悲哀感情である。治療者に激しい怒りを向ける患者に対するとき、治療者は怒りと悲哀感をともに抱く。そこにはいずれかの感情がより前面にあるかの、相違があるだけである。そして二つの感情によって比較的影響を受けない、中立的な気持もなければならない。

一九七二年ランバートは分析心理学の立場から転移逆転移問題を論じ、同態復讐法つまり「目には目を歯には歯を」の怒りを克服することは、分析家にとって未解決の課題であると指摘している。[6]私たちは他人から好意を向けられれば好意で返し、敵意を向けられると同じ敵意で返すという、おそらく本能的な性質を持っている。このような「目には目を」の怒りを、治療者はどうしたら克服することができるだろうか。すでに指摘した通り、本章で取り上げている事例の場合にも、怒りに対して怒りで応える形の怒りが、治療者の心の一部に存在したと考えられる。

治療者が患者から向けられた怒りに対処するためには、まず第一に、目の前の傷ついた患者に対応する、自らの心のなかの内なる患者を持つことである。私たちが心に内なる患者を保持できれば、怒りを行動化するのを防ぐための有用な手段になる。第二の条件として、私たちの心のなかの内なる治療者を発見し、内なる患者との、感じ方考え方のずれを自覚することである。これも治療者の行動化を防止する要因となる。第三には、治療者の怒りを想像力を用いて心理的な体験に変える、つまり心理化することである。治療者の課題は怒りを抑圧したり切り離したりすることではなくて、怒りを充分に体験することである。行動化することなく、怒りを想像力を通して体験しなければならない。このことが患者の心のなかに、変容促進的な怒りが布置する助けになる。

6　変容促進的な怒り

治療者が電話による患者の訴えに対して面接料金を請求したとき、患者は治療者に激しい怒りを向け、「もう一切面接には来ない」と宣言した。患者の怒りを目の前にして、治療者の心にも怒りが生じた。治療者は怒りを行動化することはなかったが、心のなかにイメージが生じ、そのイメージに主体的に関与しようとした。治療者である私は、患者と私との中間の領域に蛇の姿を見た。その蛇を男性がナイフを用いて切断していた。怒りの気持をもって蛇の切断が繰り返されていると、私のいらいらした感情を伴う怒りの気持が軽くなり楽になっていった。二週間後、患者の希望で面接が再開するが、私はこの間にも想像力を用いて目の前での、男性によるナイフを用いた蛇の切断をときどき繰り返した。想像力による治療者の怒りの作業は、治療者の心が癒されるとともに、その必要性が減少していった。

病者が抱く見捨てられに対する怒りに対応する、治療者が持つ見捨てられへの怒りについて補足しておこう。患者は見捨てられ感情とそれによる怒りとを意識化することができないから、それらを投影同一化によって治療者の心のなかに押し込む。これによってしばしば治療者は、患者と同じような見捨てられ感と激しい怒りとを抱くことを強いられる。このような治療者の巻き込まれの状態を解決するためにも、すでに述べた治療者側の三つの作業が有効であろう。第二の作業として、内なる治療者と内なる患者との考え方、感じ方の差違を自覚することの必要性を指摘した。この件に関して治療者は、相当長い時間治療者に電話して症状を訴えるというような患者の行動化を、面接を終結するという脅しで理不尽にも容認するように要求されていると感じた。このような理不尽さと同じものを、「蛇聟入り水乞型」における大蛇や「蛙の王さま」での蛙の行動に見ることが可能であろう。

治療者は病者による強制力を伴う投影、つまり投影同一化を向けられたことに対して、そして投影逆同一化に由来する、怒りを想像力を用いて体験した。すなわち治療者と患者との中間領域に、両者の関係性の場を想像し、その場で、内なる治療者が内なる患者を表す蛇をナイフで切断し続けたのである。このような作業を通して、患者から向けられた怒りからばかりでなく、自分自身の怒りによって傷ついた治療者の心は癒された。病者の怒りに対して安定した気持で対処でき、行動化して怒りに怒りで返すようなことが起こらず、その面接を終了した。患者は二週間後に自ら希望して、面接を再開したのである。

心が傷ついた人びとは一般に、内なる親から分化して自立を達成するための怒りを、心理的に体験することが困難である。彼らはしばしばこのような怒りを行動化し、例えば家庭内暴力というような形で表現してしまう。病者によって治療者に向けられる強制力は、病者が自覚していない無意識的なままである。大蛇の末娘に対する強制は、未成熟な内なる異性によるばかりでなく、内なる父や母によるものだろう。「蛙の王さま」の蛙による強制力は、原始的な男性という意味ばかりでなく、王子を蛙に変身させた魔女、つまり内なる破壊的な母の強制力も含まれているはずである。病者自身が、未分化で融合的な異性や父や母の支配下にあって、しかもそれらから分化するための怒りを体験できず、投影同一化によって治療者に対して支配を押しつけようとしている。治療者が病者の身代わりになって、原初的な異性や親の強制力を体験させられる。結局治療者が感じる患者に対する怒りは、根源的には、患者を支配している大蛇や蛙に対する怒りである。

原初的な異性や親に支配された病者の強制力に対して、想像力のなかで怒りを体験できるようになった治療者は、病者が見捨てられ感情から怒りを向けてきても、比較的安定した気持でいられるようになった。心理療法において治療者は、心理化が困難な患者の怒りを受けとめ、それと同時に、そこに布置している不気味で圧倒的で未だ人間化されざる存在に対する激しい怒りを、想像の世界で体験し続ける必要がある。このような状況にあって治療者が、病者との関係性における怒りを心理化できるなら、病者が怒りに心を開き、病者の心に変容促進的な怒りが布置する契機になるだろう。

7 怒りの布置

面接が自分にとって欠かせないことを認め、患者は自ら希望して、中断から二週間後に面接が再開された。再開後さらに二週間たって、患者は次のような夢を体験する。このときには、自殺念慮を含む抑うつ気分と、自己誘発性嘔吐を伴う過食は相当軽快していた。

夢4―1

母と小学生の息子と私の三人は、アパートで暮らしている。三人でデパートへ出掛けて、八個くらいの木彫の裁縫箱のようなものを、たぶん母と共同でセットで買おうとする。女店員の説明を聞いていた息子が、途中で何か口を挟むと、店員は、黙って終わりまで聞くようにと批難する。店員の仕事は箱の説明であって息子の教育ではない、息子は自由に発言してよい、と私は彼女に抗議する。

私の後に立っていた母がそのとき、息子の味方か店員の味方かわからないようなことを言い始める。干渉する母に腹が立ったので振り向いて私は、母の口の辺りをピシャッと叩いた。叩かれたことに驚いて、母は先にアパートへ帰り、一人で布団にくるまって寝ている。

場面が変わった。私は母と別れてもうすでに引越してしまったのか、あるいはこれから引越そうとしていた。周りに引越し荷物がたくさんあった。(7)

この夢についての連想で病者は、干渉する母親に腹が立つ、と述べている。彼女は母親が、趣味の活動でたびたび家をあけて淋しい思いをしたこと、それにもかかわらずそのことの不満を話せなかったことを治療者に語り、母に対して手紙に書いて伝えた。患者は結婚して夫と子どもと、実家からは遠く離れて生活しているが、心理的には母親と融合した状態を継続していた。

患者の抱く怒りについて私は、民話「手なし娘」の心理学的分析を通して、「娘（患者）が親から分化しない限り、娘は自身を見捨て続け、そして自分の両腕を切断し続ける」[8]と論じたことがある。患者の自身を傷つける怒りは、一面では患者が心理的な体験をなし得ないこと、他面では患者が親や治療者との融合的な関係にあることに由来する。自身を切断することによって分裂させ続けることから、患者を解放する必要がある。

病者による行動化された怒りは、それが心理化されない限り、自身を傷つけ続ける。病者が怒りを心理化できて初めて、怒りは自身の親や治療者からの分化を促進するものとなる。病者が怒りを心理化する契機となるものは、治療者が怒りを患者との関係性のもとに心理的に体験することである。夢４－１から知ることができるように、患者は母親に対する怒りを心理化することによって、母親とは異なるひとりの女性として生きようとし始めている。治療者の心に変容促進的な怒りが布置することが、患者の心に分化を促進する怒りが布置するのを援助することになる。

これまでの患者は母親と融合的な関係にあったために、異性よりも同性の女性との対人関係が困難であった。道を歩いていても、電車に乗っていても、太り気味の女性を見かけると気分が悪くなり、自分の身体に侵入してくると感じて脅かされていたという。このような心理状態が夢４－１と面接を通して、改善していった。

8　分化のための怒り

心理療法における怒りの問題を考えるために、ある患者と民話とを取り上げてきた。しかし怒りの主題の重要性は、重症例に対する心理療法に限られるものではない。子どもに対する遊戯療法でも、課題となる。臨床心理士の治療例から考えてみよう。彼女は遊戯療法場面で表現される子どもの攻撃性と、治療者が心に抱く怒りの体験との相互関係について検討した。[9]

研究は、五歳の吃音を主訴とする男児に対する遊戯療法である。十か月にわたる遊戯療法過程の前半で治療者は、男児から刀で思い切り叩かれ続けることに耐えていた。しかし治療者は、彼の攻撃によって自分の存在そのものが否定されていると感じるまでになった。治療者は叩かれ続けるために心理的に傷つけられることから、心のどこかで怒りを感じていた。怒りに目を向けられないでいることに気づき、彼に対して「痛いからいやだ」と伝えて、自分を守る手段を取った。

このような作業を通じて治療者は、男児が治療者を徹底的に痛めつけないと気がすまないのは、彼もその存在を徹底的に否定される体験をしているからだ、ということに気づく。さらに治療者が自分の怒りに目を向けることによって、治療者の心に心理療法的な内なる枠組みを生じさせ、このことが子どもの心に治療的枠組みが成立するのを促進した。以上のような治療者の心の動きを契機として、男児の滅茶苦茶な治療者への攻撃は影をひそめ、吃音の症状も消失する。本研究は示唆に富むものである。

心の変容を促進するための怒りを心理的に体験するという視点から、ここに述べた考察に追加してみよう。遊戯療法場面で繰り返された容赦のない攻撃について、治療者は大蛇の理不尽な要求に向き合う末娘、気味のわるい蛙から約束の履行を迫られる王女、のような気持になったとは考えられないだろうか。治療者が男児に対して「痛いからやめて」と発言したとき、それは末娘が大蛇を針で刺し、王女が蛙を壁に叩きつけたことと、類似の体験ではなかったろうか。おそらく治療者は、男児に向けてこのような発言をすることによって怒りを行動化したのではなく、治療者自身の内なる傷ついた男児との分化が促進され、男児にとっても内なる親との融合的な関係がある程度克服されたと思われる。男児は怒りの行動化をやめるとともに、変容促進的な怒りを心理的に体験できるようになったのだろう。治療者が自分の心のなかの怒りに心を開くことによって、「怒りによって心を変容させる」力動を、治療者と病者との双方の心に布置させることになったとも言える。

自己実現の過程で影や内なる異性や超越的な存在との関わりを深めて心の全体性を実現する傾向を、ユングは変容の元型(10)と呼んでいる。残念ながらユングのこの概念は、分析心理学派の臨床では充分生かされていない。しかし変容の元型という言葉を個性化過程に限定せず、私たちの心の変容を基礎づけるものとして用いれば、本章で述べている変容促進的な怒りを変容の元型に由来すると考えることもできる。

「蛇聟入り水乞型」と「蛙の王さま」という二つの民話にもどって考えておきたい。末娘も王女も、大蛇や蛙という不気味で理不尽な存在に、正面から対決した点では共通している。両者ともに母親は登場しない。個人としての母親の存在を欠くとき、きわめて原初的破壊的な母が布置することが多い。このことは、臨床経験から知ることができる。例えば母親が何らかの事情でこまごまとした面倒見のよい母役割をとれないときには、子どもは内なる呑み込む母に支配されて、しばしば不登校に陥ることがある。末娘や王女が対決した不気味な存在が、ある面では原初的な母親を意味すると考えられる。対決する女性が、おそらく母と父と異性とが混沌として入り混った存在である大蛇や蛙を、個人としての異性に変化させ、怒りの主体である女性自身も大人へと変容したのである。

二つの民話の主な相違は、末娘の方が王女に比べて、自らの怒りを想像力を用いてさらに充分に心理的に体験していると思われる点である。末娘は父親に対して沼の主との結婚を承諾した時点で、早くも知恵を用いて大蛇を殺害することを心に描いている。彼女はその段階で、想像力によって大蛇を殺していると言えるだろう。後に主が沼で死ぬのは、末娘が想像のなかでおこなった殺害の、現実での繰り返しに過ぎない。王女の場合に蛙を壁に叩きつけたのは、咄嗟にとった行動のように見える。蛙に対する怒りを体験するということに関して、王女の想像力が働く余地はほとんどない。このような理由で、末娘の方が王女よりも怒りを心理化することができ、より成熟した行動をとることができたと考えられる。

第五章　身体の覚醒

　心の癒しを考えるとき、心理的な体験としての身体を考えることは、欠くことのできない作業である。身体は、視覚や痛覚や触覚などを通してものとして知覚できる。同時に例えば、身体の痛みは精神的な体験でもある。現実の身体がこのような精神とものという両側面を持っているので、私たちの内界における身体や夢のなかの身体も、精神的体験の要素ともの的本能的要素とを備えている。

　長い時間不慣れな正座をしていると足に痺れがきれる。私たちにとって、足が自分に所属するという実感が薄くなり、まるで他人の足のように感じる。つまり身体は他者性を高める。しかし私たちが体の病気に苦しむとき、身体は私たちそのものとなり、私たち自身が苦痛を感じる。身体は精神と一体化し、身体の自己性が高まる。このように考えると身体は、精神とものという両側面ばかりでなく、自己と他者という二つの側面を含んでいると言える。結局身体は精神ともの、そして自己と他者との、中間領域をなすと見なされるだろう。自己と他者との関係は、治療者と患者との対人関係に置き換えることもできる。

1　連結するもの

癒しの問題は、心理療法的な対人関係を抜きにしては語れない。心の癒しは、治療者と病者との相互的な対人関係から生じてくる。治療者と病者とが参加する心の変容の場を考えるならば、治療者そのものでも病者そのものでもない、両者の身体によって構成される場、つまり両者の中間領域が想定される。心の変容の場としての中間領域をいかに切実に体験できるか、ということが治療者と患者にとって大きな課題である。

治療者と病者との中間領域に癒しの力動が生じると考えると、象徴としての身体は心理療法の鍵概念となる。中間領域を象徴するものとしての身体は、治療者と患者、そして乖離した心と体をつなぐものとなる。このことを臨床的経験的に考えてみよう。

事例は、自己愛に関する課題を持つ三十歳代の男性である。二つの大学を卒業して階級制度の厳しいある職種の公務員となったが、主として彼の誇大的で共感性に乏しい態度のために職場に適応できなかった。職場で訓練中にたびたび骨折し、十二指腸潰瘍、神経性膀胱、さらには頭部の広範囲な円形脱毛症などの心身症症状のために休職し、心理療法を受けるようになった。今の仕事をやめて、弁護士か作家になりたいと訴える。このような野心を抱きながら、そのための準備や現実的な努力をしないということが印象的であった。

患者が夢分析を用いた心理療法を受けるようになって七か月後、さまざまな心身症症状はすでに治癒し、最後まで残っていた頭部の広範囲の円形脱毛症も、皮膚科医から通院しなくてよい旨告げられている。心身症症状が消失したと同じ頃、患者は次のような夢を見た。

夢5―1

ある神社風のお寺を基点にして、私は九州各地の寺を左回り（反時計方向）に巡礼している。そして再び、元の寺にもどる。

この神社風の寺の境内を、さらに左回りに回る。境内には、小さなライオンなどいろいろな動物がいる。五歳の甥が遊具で遊んでおり、動物に気を付けるように彼に注意する。

境内における巡礼の出発点付近に小さな池があり、池のなかに蛇がたくさん群れている。池の中心の部分には茶色や黒など地味な色の蛇、次の層には緑のような中間的な色の蛇、岸近くの層には赤など鮮やかな色の蛇の群というように、三層の蛇の群がうようよと重なるようになって、池の岸に押し寄せている。

やがて陸にも、たくさん蛇がいることがわかる。一匹だけ群を離れた蛇がおり、昆虫を食べている。この蛇が地面に座っている私のお尻の下にもぐりこんだ。蛇を体で感じて驚き、私は夢から覚めて寝ていた布団をばんばん叩いているのに気づいた。

この夢について、分析心理学の視点から全般的な意味を考えておこう。分析家マルヤージュによる本事例に対するスーパーヴィジョンから、示唆されるものが大きかった。[1] たくさんの蛇が登場するが、地を這う蛇はきわめて大地的な性格が強い。弁護士か作家になりたいという空想を生きるこの男性にとって、蛇の大地性は彼の生き方を補償するものではないか。以上のようなマルヤージュの指摘は、的を射たものである。男性が作家か弁護士になるという望みを、空想の糸で紡ぐことによって、その作業は彼自身を地上の存在から切り離し、空中に漂わせることであった。このようなとき蛇の大地性は、男性を地上につなぎとめる働きをしてくれるだろう。分析心理学ではこうした男性を、永遠の少年と呼んでいる。

私は心理的体験としての身体という別の視点から、事例と夢について考えてみたい。空想の世界に漂う男性は、地上の現実の存在としての自分との間に、ある種の乖離を生じていた。夢のなかで一匹の蛇が男性の尻の下にもぐり込むことによって、彼の心の中間領域としての身体が賦活されたのであろう。すでに述べたように、心理的に体験される身体は精神ともの、そして患者と治療者との中間領域をなす。この場合には、精神が男性の誇大的な空想に、ものは蛇で象徴される地上的本能的な側面に、相当すると考えられる。

興味深いことに、患者は中間領域としての身体を体験するだけでなく、体験があまりに切実なものであったために実際に目が醒めてしまう。男性はおそらく初めて、身体を心理的に体験できるようになったのではないだろうか。中間領域としての身体を心理的に体験することを、身体の覚醒と呼ぶことにしよう。言葉を換えれば、身体の心理化ということである。

2　身体の目覚め

さまざまの心身症症状に苦しんでいた患者は、この夢を契機として回復していく。男性は誇大的な空想と日常の現実との乖離を生じていたばかりでなく、心と体との乖離をも来していた。これらの乖離をつなぐ役割を、心理的に体験された身体が果たしたのである。

身体の体験はしかし、必ず癒しにつながるとは限らない。身体が心理的な体験である必要がある。ある四十歳代の女性は、大学時代左手首をナイフで切った傷跡が今でも残っている。彼女はそうした行為について、自分が生きているという実感を得るためだった、痛みや怖さはほとんど感じなかった、と述べている。このような自傷行為には、自殺衝動のような自己破壊的な心性が含まれているが、同時に患者は心の癒しへの願いにも突き動かされている。生の実感を得るために手首を切る、という言葉は私たちの心を打つものがある。患者の心は空虚でむなしく、身体を目覚めさせることによって、その空虚感を解消しようとする。しかしこのような行動化によっては、身体を心理的に体験することはできない。

患者が空虚感を癒すために手首を切るとすれば、その空虚感はどこから来るだろう。おそらく自分の心と内なる対象とのさまざまな分裂、そしてつながりを欠いた自他の関係性に由来すると思われる。比較的安定した自分と、抑うつに支配された自分とが、一日のうちでも交替して出現する。ある患者はうつ気分に支配されることを、毒ガスに包まれたようで自分がどうしようもなくなる、と語っている。別の患者は、青空に雲がかかるように日に何回か気分が変わると言う。治療者を信頼していても、突然怖い人に変化しそうで不安だと訴える。すべてが不確かなとき、自ら傷つけて目覚めさせられた身体は、唯一つ確実なものになる。

病者が左手首をいく度傷つけても、しかしそれは心の分裂をつなぎ癒やすことにはならない。身体の覚醒の作業が行動化されており、心理的な体験になっていないからである。私たちが自らの身体を心理的に経験し、その経験に対して正面から取り組む、つまり身体を心理化することがなければ、中間領域としての身体は賦活されない。試合に臨む柔道選手が、自分のほっぺたを両手でピシャピシャ叩いているのを見ることがある。試合に取り組むために、心理的な緊張を高める作業である。喜びの知らせが真実のものかどうか知るために、頬をつねるということもおこなわれる。このように身体の覚醒が、しばしば切実な心的体験を得るための手段として利用されるが、手首切創のように行動化されれば、身体の体験は心理化を避ける方法ともなる。

3 七羽のからす

中間領域としての身体を心理的に覚醒させることは、空想と現実、心と体、病者と治療者など、さまざまの対極的なものの間に架橋する作業である。対極的なものの中間領域としての身体をさらに検討するために、グリム童話集から「七羽のからす」を取り上げて考えてみよう。物語の概略を示す。

七羽のからす

ある男に、男の子ばかり七人の子どもがあった。娘が欲しくてたまらないけれども、女の子は一人もできない。ところでおかみさんが妊娠し、こんど生れたのはかねての願いがかなって、女の子だった。

喜びは大変なものだったが、赤ん坊はいかにも虚弱で小さかった。お父さんは娘に早く洗礼を受けさせようとして、男の子を一人泉へ洗礼の水を汲みにやった。すると後の六人も一緒にかけ出して、われ勝ちに水を汲もうとしたので、水を入れる壺が手から離れて、泉のなかへ落ちてしまった。みんな途方に暮れて、誰一人家へ帰る勇気がない。

いつまでたってもみんながもどって来ないので、お父さんはいらいらした。こんなことではせっかくの女の子が洗礼を受けずに死ぬに決まっていると思うと気が気でなく、腹立ちまぎれに、「息子ども、みんなからすになっちまえ」と怒鳴った。その言葉がまだ消えないうちにしゅうしゅうという羽音が聞こえて、真黒なからすが七羽、空高く舞い上がって飛び去るのが見えた。

お父さんもお母さんも、今さらこの呪いを取り消すことはできない。二人は七人の男の子を失ったことは悲しんだけれど、かわいい娘がいるので、いくらかはなぐさめられた。娘は元気づき、日一日と美しくなっていった。

娘は長い間、自分に兄たちがあったことを知らずにいた。ある日よその人が、自分のお陰で兄たちがとんでもない目に遭っている、とうわさしているのを聞いた。そこで娘は、兄さんたちはどうなっているのか、両親にたずねた。

どうしても自分は兄さんたちを救い出して、元の人間にしてあげなければすまない、と娘は思いこんだ。娘は兄たちを呪いから解放するために、両親の小さい指輪を一つ、パンを一個、小さい壺に一ぱいの水、小さな椅子を一つ、これらを持って人知れず旅に出る。

娘はどこまでも歩いて、世界の涯で太陽に出会ったが、太陽は熱くて怖かった。次に月のところへかけつけたけれど、月は冷たくて意地悪だった。娘が逃げ出してお星さまの集まっているところへ行くと、親切にしてくれた。星たちは各自椅子に腰かけていたが、暁の明星が椅子から立ち上がると、娘にひよこの肢を一本わたして、「この肢を持っていないと、ガラスの山が開けられない。ガラスの山のなかには、お前の兄さんたちがいるからね」と話す。

娘はガラスの山にたどり着いた。門には錠がおりていた。ひよこの肢を出そうとして包みを開いたが、なかは空っぽだった。娘は星たちの贈りものを、途中で失くしていた。兄たちを救い出したくても、ガラスの山を開ける鍵がないのだ。

小さい妹は健気にも小刀を取り出して、自分のかわいらしい小指を一本ぷつりと切り落とすと、それを門の鍵穴へ差しこんで、うまい具合に扉を開けた。

なかに入ると小人がやって来て、娘が何を探しているかたずねた。娘は七羽のからすの小皿からパンを一かけずつ食べ、盃から一口ずつ飲んで、最後の盃に家から持ってきた小さい指輪を落とした。

そのとき、しゅうしゅうという羽音とかあかあという悲しげな鳴き声が聞こえた。からすは誰かが自分たちの小皿や盃から飲食したことを知る。七番目のからすが盃を飲み干したとたん、小さな指輪がころがり落ちた。

よく見ると見覚えのある両親の指輪だったので、「ぼくたちの妹が来ているんだといいなあ。そうすりゃみんな救い出されるんだがなあ」と口に出した。扉の後で立ち聞きしていた娘は、この願い事が耳に入ると、その場へ出て来た。とたんにからすたちは、一羽残らず人間の姿を取りもどした。みんなはかたく抱きあって接吻し、いそいそと生れ故郷へ帰って行った。(2)

4　摂食障害と境界例

グリム童話「七羽のからす」について考えるようになったのは、ある摂食障害事例の研究(3)に対してコメント(4)を書いたときである。治療者は二十四歳の摂食障害女性に対する一年三か月に及ぶ入院心理療法の終結に近い段階で、自立への不安や孤独感に患者が向き合う助けになるようにと、「七羽のからす」を読むことをすすめた。患者は面接中に、物語のなかの娘に感情移入して泣きながら、「(兄たちの魔法を解こうとして) 小指を切った」と語っている。

神経性食思不振症であるこの女性にとって、娘が自分の小指を切断するところを想像することは、相当大きな心理的体験になったと考えられる。私はコメントのなかで、事例の女性におけるこのような体験を、身体の覚醒という言葉で表現した。

身体の覚醒ということについて、検討を続けよう。「七羽のからす」における娘は、自分の小指を小刀で切り落とし、それをガラスの山の鍵穴に差しこむことによって、扉が開かれる。しかし娘が自らの小指を切り落とす際の心身の痛みや不安や恐怖については、述べられていない。これまでに取り上げた昔話と同じように、この話でも情動の体験は語られていないので、私たちはそれらの情動を補って読む必要がある。そのような作業を通して初めて、昔話を個人的な体験として受け取ることができる。事例の若い女性が面接中におこなったのは、普遍的な主題を語っている昔話に個人的に関わることを通して、省略されている情動や物語の細部を補足していく作業である。

ヒロインの娘は、自身の小指を切断することによって鍵を作り、それを使って兄たちが捕らえられているガラスの山の扉を開くことができた。星から与えられたひよこの肢は旅の途中で紛失していたので、利用することができなかったのである。娘にとって、ガラスの山の扉を開くというような大きな課題は、他者から与えられたひよこの肢で解決するというものではなく、真の自己関与が求められていた。ひよこの肢の紛失は、むしろ必要なことであったかもしれない。

物語から、娘の犠牲によって兄たちを救済するという主題を論じることもできる。しかしここでは心理療法の視点から、「七羽のからす」という昔話の意味するところを、検討しておこう。ヒロインである娘の心の成長の物語であると見ることができる。女性が異性的なものに心を開こうとするとき、まず家族のなかの異性との関わりを体験していく。娘がガラスの山に閉じ込められていた兄たちを救出するということは、彼女が異性の世界に初めて主体的に関与しようとしていると言える。ガラスの山という表現から、娘のそれまでの異性との関係が冷たく情動面を欠いたものであったことがわかる。

ヒロインがガラスの山の扉を開くために、自らの小指を小刀で切断したとき、彼女は自分の身体をきわめて切実に体験する。中間領域としての身体が象徴として機能したのである。すでに述べたように、私たちの身体は自己性と他者性を備えている。このような中間領域としての身体は、治療者と患者との中間領域という考えにつながる。私たちの心の傷つきが癒されるためには、自分を守られた場に置く必要がある。おそらくこのような守られた場は、治療者と患者との関係性によって守られながら、しかも治療者による支配を受けない中間領域で成立するものだろう。

治療者と患者との対人関係における中間領域を象徴的に表すものとして、心理的体験としての身体を想定することができる。象徴としての身体が超越機能を発揮するためには、身体の心理面をいかにして切実にそして現実的に体験するかということが、決定的な重要性を持つ。「七羽のからす」

の物語で、娘は小指を切断することによって、異性との対人関係における中間領域を賦活することができたのではないか。私たちは他者との関係において、関わりを深めていくためには、中間的な領域を必要としている。二人の距離が遠すぎれば、関係は全く成立しない。そうかと言って逆に近すぎれば他者によって脅かされて、関係性は深まらない。心理療法的な対人関係では、治療者と患者とが関係性を深化させることのできる守られた場としての中間領域を仮定することは、必須の作業だろう。

身体が癒しの機能を発揮するためには、心理的な体験としての身体が、どれだけ切実にその人の存在全体を揺り動かすように体験できるか否かにかかっている。「七羽のからす」における娘にとって自身の小指の切断は、それまでガラスの壁で隔てられていた異性との間の乖離を、中間領域としての身体の賦活によって克服するという意味があっただろう。このことは、娘の小指によるガラスの山の開放によって兄たちが人間化し救出されるというストーリーからも、読み取ることができる。

5　身体毀傷と心の癒し

患者が底知れぬ空虚感から救われようとして、ナイフや剃刀を用いて自分の手首を傷つけるということに触れた。このような人は極度に切実な体験により、身体としての中間領域を賦活することを通して、良い自分と悪い自分、良い対象と悪い対象など、さまざまの心の分裂から生じている空虚感を癒そうと試みている。しかし患者の行動は心理的な体験にならないために、中間領域としての身体は賦活されず、自傷行為は心の癒しにつながらない。そうした自傷行為が癒しを促進しない理由は、行動化されて心理的な体験とならないだけでなく、守られた体験ではないということもあるだろう。

建設的な意味を持つ身体毀傷について考えるために、東南アジアなどにおける原住部族の成年儀礼を取り上げておこう。アフリカや東南アジアにおける成年儀礼には、身体毀傷を伴うことがある。例えば、パプアニューギニアのセピック河中流域コロゴ村における成年儀礼では、背中にワニの体表になぞらえた文様を施す。ワニの瘢痕文身《いれずみ》を作るのは、トーテム信仰と結びついているとされている。若者の背中に文様を施すために、儀礼の施行者が新参者の背中に、剃刀でデザインに従って刻みを入れる。剃刀が用いられるようになる以前は竹ナイフが使用されていたが、刻みを入れるときの痛みはより激烈なものである。背中の皮膚にワニの文様のデザインに従って深く刻みを入れた後に、化膿を防ぐために、薬草を混ぜた植物油で、背中全体が洗い流される。このときの痛みは、液体が傷口にしみるので、皮膚を刻むときよりもさらに激しいという。(5)

コロゴ村における成年儀礼の実際については、一九九四年にＴＶ放映された映像を通して観察する機会を得た。十数人の男子青年たちが儀礼を受けていたが、村長の十二歳になる息子がその集団の最年少であった。背中の皮膚を刻むときに涙を流さなかった彼が、傷口を洗うときに見せた涙は心を打つものがあった。

須藤健一はこのような身体毀傷について、「重要な人生儀礼のさいに日常的生活から一時的に隔離され、特定の場所で施され、身体的苦痛にたいする忍耐とそれを克服する勇気を試すことに基本的意味がある」[6]と述べている。エリアーデは身体毀傷を、儀礼的な死と再生において死を象徴するものとしてとらえた。[7]須藤やエリアーデのような理解は可能であるが、癒しの本質に迫るために、身体の覚醒という視点から検討してみよう。

文化人類学の立場から宇野公一郎は身体について、「一般に、人体は自然と人間、個人と社会が重なりあう特別の領域であり、それらのあいだの諸関係が集約的に表現される場である」[8]という、重要な指摘をおこなっている。こうした宇野の身体に対する見方には、本書における中間領域としての身体という考えと共通のものが含まれている。

コロゴ村の成年儀礼における身体毀傷には、どのような心理学的意味があるのだろう。新参者は毀傷による激しい痛みや不安・恐怖の体験を通して、人間を超える超越的なものと出会っているのではないか。身体は高度に覚醒し、人とカミとが出会う場となる。私たちが平凡な日常で経験する身体と比べて、はるかに覚醒水準が高い。新参者は身体をものとして対象化する余裕はなく、否応なくそれを正面から心理的に体験することを強制される。これは身体を心理化することである。

身体の心理化という点でも、社会的に容認された儀礼の一部であることからも、ここで取り上げた身体毀傷は、境界例患者の手首毀傷とは意味を異にするものである。患者が手首を傷つけるとき、身体はほとんどもの化して中間領域としての機能を失っており、毀傷による身体の覚醒を達成することができない。

成年儀礼における身体毀傷について述べてきたが、それに限らず宗教における苦行や修行でも、超越的なものとの関わりを深めるということに意義があることは確かだろう。

6　身体の強制力

夢のなかで身体を体験することは、どのような意味があるだろうか。これまでの検討によって、身体が自己性と他者性を備えており、中間領域としての身体はさまざまの対極物に架橋する機能を持つことがわかった。そしてこのような身体が癒しの働きをするためには、何らかの仕掛けによって身体が賦活される必要のあることも指摘した。

中間領域としての身体が賦活されることによって覚醒するとき、私たちは乖離や分裂によってまとまりを欠いている心の状態に架橋する作業を強制されるように感じる。この作業は困難であるので、治療者と患者との関係性によって支え守られなければ達成できるものではない。夢における身体体験の持つ強制力について、事例の断片に触れながら考えてみよう。

ある未婚の若い女性は、抑うつ気分を主訴として分析を受けて約二年が経過し、症状は解決したが親からの自立の課題に取り組もうとしていた。幼児期以来、親に受け入れられたことがないと感じ続けてきた人である。

夢5―2

何か用事があって、私は家の外へ出ようとしている。玄関まで行くと、ドアの前に新しいアイロンが置いてある。兄が買ってきて充電しているようだ。アイロンをまたいで外へ出ようとするとまたぎそこなって、私の左足の甲に熱いアイロンが倒れてきてしまう。ものすごく熱くて、このままでは私の足はケロイドになってしまうと思う。振り払おうとするけれど、なぜかアイロンは私の足に焼き付いてしまったようで離れない。私は熱さと痛さとで泣きそうになり、あるいは実際に泣きながら、足を引きずり門の方へ向かう。

女性は連想を、次のように述べた。彼女が母親と二人で、一泊の温泉旅行に行くことを決めた夜の夢である。女性は両親の家を離れて一人暮らしを始めようと考えているが、すんなり送り出してもらえそうにないので、なかなか決行できないという。アイロンを使うのは母親だから、なぜ兄のアイロンなのかわからないと言いながら、母の関心は兄にしか向いていない、とも語っている。

夢を見た女性における身体の覚醒が、きわめて切実な体験として表現された。治療者としての私にとっても、この夢は印象的であった。私は夢について聞いたとき、自分自身の左足にも違和感を覚えた。しかしそれは、熱くて耐えられないような鮮明な感覚ではなかった。このような場合に治療者が自らの想像力を用いて、いかに切実で現実的な身体体験を持てるか否かは、患者の心に中間領域としての身体が布置する契機として決定的に重要であろう。

私たちの心のなかの身体像、そして夢における身体体験に関して、精神分析的自我心理学者フェダーンの身体自我という言葉は有名である。彼は一九五三年刊行の論文集『自我心理学と精神病』の第一章で、精神自我と身体自我とを区別した。フェダーンが、夢のなかの身体感覚の程度を問題にしているのは興味深い。彼は夢のなかの痛みなどの身体感覚が、私たちの夢体験への自我関与の程度と関係していることに気づいていた[9]。しかしフェダーンには、中間領域としての身体という考え方はなかった。彼には、身体イメージが治療者と病者とをつなぐという視点も認められない。

身体像に関する研究者として、精神医学者シルダーも著名である。幻影肢などに関する彼の研究は神経学・心理学・精神医学の領域にわたり広範囲のものであるが[10]、心理療法と癒しの問題とは直接結びつかないのでここでは省略する。

夢5－2について、検討しておこう。自立の主題を抱えた夢を見た女性にとって、両親と兄が住む家を離れることは、困難であるが必要な作業であろう。しかし女性が家を出ようとするとき、熱く焼けたアイロンが彼女の足に付着して落ちない。女性が泣き出すほどに痛切な体験である。このような夢に出会うとき、私たち治療者は患者に対していかなる治療的操作を加え、どのような解釈を投与すべきかというようなレベルを超えたものを感じる。

そうした夢は、ある種の強制力を備えている。女性の心のなかに存在すると考えられる心の管理者は、彼女に対しておそらく、母親や兄との関係のあり方の課題に取り組むように強制しているだろう。女性が取り組むことを強制されているのは母娘関係ばかりではない。兄との間の問題は、彼女の異性との関係性が課題になりつつあることを示唆するものだろう。

中間領域としての身体体験が持つ強制力については、御伽草子「鉢かづき」[11]を連想する。夢5－2を見た女性は、母や兄との関係性の課題に向き合うことを強制された。それらの解決なくして真の自立はないということを、夢が示唆しているのではないか。鉢かづきの場合には、十三歳のとき実母の死に際して、頭に鉢をかぶせられ、自分の心の内面に向き合わされる。頭から顔面まで覆う鉢は頭部に密着して、誰も取り去ることができない。鉢かづきは、継母という破壊的な母や無力な父や世間の冷たさと直面することを強制される。鉢かづきの奉公先で成立した国司の四男との関係を支えに、二人が夫の親を捨てて家を出ようとしたそのときに、彼女の頭の鉢は初めて落ちる。身体体験の強制力によって親子関係の課題に取り組ませるという点で、夢5－2の女性と鉢かづきの場合とに、共通するものを見ることができる。

民話「手なし娘」[12]では、さらに切実な身体体験が認められる。手なし娘は継母の願いで、父親によって両腕を切断される。娘は腕を切断されたために、行動としてではなく、想像力を通して他者と関わり、子どもを生み育てることを強制される。想像力を生きることがおそらく、両腕を切断された手なし娘の心の分裂が癒されるために、不可欠の仕事であった。想像力の問題は、これからも繰り返し検討することにしよう。

第六章　治療者と患者の間

心が傷ついたとき、私たちが自分の傷を自身の目で見つめる作業がなくては、心理療法的な癒しは生じない。自身の傷を見つめるためには、患者が傷つきとの間にある程度距離をとる必要がある。患者が自らの心の傷つきに取り組むときには、治療者もまた自分の傷に向き合わねばならない。治療者は自身の傷つきを対象化し、それに取り組む場所を要するだろう。このように考えると結局、患者と治療者という二人の人間の間に、傷ついた心を治療的に取り扱うことのできる場が求められる。傷つきも癒しも、私たちの心のなかで生じる。しかし、このような心の動きを投影し、自身とは別個のものとしてそれらを取り扱うことが可能な、中間領域がなければならない。

治療者と病者との中間領域に、両者が想像力を用いて関わりを深められる、場を想定してみよう。この場所で病者の心の傷つきが明らかにされ、両者の心の関係性が成立し、癒しが生じる。癒しの場としての中間領域がどのようにして形成され、どのように機能するかということを考えてみよう。

1　癒しの場

癒しの生じる場所としての中間領域について、事例を取り上げながら検討を進める。臨床経験によって仮説を立て、それを事例研究を通して検証するのが、私たちの課題である。

事例は第二章ですでに取り上げたが、三十歳代の女性である。彼女は数年間にわたって繰り返し出現し、内服薬や注射による治療も効果のない慢性蕁麻疹に苦しんでいた。この場合、蕁麻疹は心身症であると考えられた。面接開始約一年後に治癒する契機になったものは、夢2－1である。女性の夢のなかでは、病者の蕁麻疹を治療者が引き受け、病んでいる治療者を、病者から治療者に変身した彼女が治療するという内容となっている。

第二章では夢2－1について、患者と治療者との布置の逆転という視点から検討を加えた。布置の逆転という仮説には、治療者と患者との中間領域といった考えは含まれていない。ここでは、中間領域としての身体を考えてみよう。

心理療法を効果的に進めていくためには、治療者は病者との間に適切な距離をとらねばならない。このような距離をとれずに両者が融合した関係になれば、治療者は病者を自分の問題にまき込んでしまう危険が生じる。心理療法的な対人関係では、治療者と病者のさまざまの心の動きが同時に起こっている。第一は、両者の主として意識的な相互関係である。第二は、両者それぞれに内なる病者や治療者との関係である。この第二の動きに、場所と両者の関係性の視点を加えると、治療者と病者との中間領域における対人関係を想定することができる。これは第三の力動である。第二の動きを治療者と病者との中間の場へ投影するとき、両者が距離をとり、しかも関係を深めるという、相矛盾する課題に取り組もうとしている。

治療的な中間領域として広義には、治療者と病者とを媒介するさまざまの仕掛けが考えられる。夢はもちろん自由連想、描画、箱庭もそうである。何よりも私たちの想像力の世界は、中間領域を形成する力を持っている。夢分析や自由連想法を用いなくても、治療者と患者との対話に想像力が働いているならば、対話は心理療法的な中間領域の成立を促進するだろう。

しかしこのような議論は、あまりに漠然としている。病者の夢体験はどのような場合に、中間領域として機能するだろうか。前章では身体の覚醒ということを取り上げたが、これは結局、中間領域としての身体を賦活することによって、この領域の持つ癒す力を引き出すということであった。夢５－１では、病者の身体が蛇によって覚醒させられることによって、空間に浮遊する自己愛の問題を持つ人が地上につなぎとめられることになった。夢５－２は、身体を覚醒させることでこの女性に対して、母と娘との葛藤に正面から取り組むことを迫る。私たちの心のなかの身体イメージが治療者と病者との中間領域として提供されるだけでは、心の癒しは生じないだろう。身体を場として、何らかの力動が生じる必要がある。前章における身体の覚醒という概念は、このような力動の一種である。

夢2－1については、中間領域における癒しを身体の覚醒という考えからのみでは説明することはできない。中間領域が癒しの機能を発揮するための条件を、検討してみよう。この夢では患者の心のなかの治療者の身体が、癒しが生じる場として機能している。分析心理学の視点から、中間領域における治癒の力動について考える。

2　サトル・ボディ

ウィニコットは一九五〇年代から六〇年代にかけて、子どもの移行対象や移行現象についての研究を発展させた。彼は小児科医で精神分析学者であるが、これらの研究は学派の相違を超えて示唆に富むものである。子どもの移行対象が、母子の中間領域を形成する。移行対象は子どもの心の内部に属するものではなく、そうかといって外部のものでもない。中間領域において、母親の乳房が自分の一部だという錯覚から、現実検討力による客観的知覚（脱錯覚）への移行がおこなわれる。[1] ウィニコットによる中間領域に関する理論は、子どもや母子関係の観察、そして彼の臨床経験によって基礎づけられている。

心理療法家として面接に従事していると、治療者と患者との心理的な中間領域の存在を仮定することは、必要な作業だと実感する。ユングが創始した分析心理学では、母子関係ではなく錬金術研究が、中間領域仮説の出発点になる。ユングは一九四四年に刊行した『心理学と錬金術』のなかで、ものと心との中間にある存在について、サトル・ボディ（subtle body　捉え難い物体）と呼んでいる。私が四歳の頃、太平洋戦争中のことであるが、四国のある地方では、人間の魂は肉体が死ぬと烏《からす》になって他界へ旅すると言われていた。そのような言い伝えが影響していただろう。近所の戦死者の葬儀の日、烏が山の方向に飛び去るのを見て、今死者の魂が烏の形で飛んでいると信じた記憶がある。私たちの想像力は、形がなくとらえどころのない心を、形のある物体として把握しようと願う。幼児の私にとって、飛び去る烏はサトル・ボディとして機能したと言えるだろう。

ユングは錬金術上のサトル・ボディについて、次のように解説している。


物質的なものと心的なものとの混合という、まさにそのことゆえに、錬金術過程における究極的な諸変化が、主に物質的領域に求められるべきものか、心的領域に求められるべきものか、この点はあいまいなままである。しかし実際は、このような問いそのものがおかしい。その時代には、「あれかこれか」というものは存在しなかったからである。存在したのは、まさに物質と心との中間領域である。すなわちもろもろのサトル・ボディから成る心的領域だけであった。サトル・ボディの特徴は、それが心的および物質的という形態とを、どちらも等しく取りうるところにある。……

もちろんこの中間領域は、私たちがすべての投影を排除して物質それ自体を探究するようになると、存在しなくなる。そして物質や心について決定的なことがわかっていると信じている間は、中間領域は存在しえない。しかし自然科学が、人知がなお未踏でこれからも及ぶことがない領域に関係し、そして心理学が個人的な意識の獲得物の他に、別の形態の心的生活があると認めるとき、言い換えると、心理学が自然科学と同じく計り知れない闇に突き当る瞬間に、中間領域は再び生命を獲得し、物質的なものと心的なものとはもう一度混合し、分かち難く結びつく。私たちは今日、この転換点のすぐ近くまで来ているのである。(2)

ここに取り上げたユングの錬金術研究からの引用は、私たちの想像力が持つ実体性に関するものである。すなわち錬金術過程に関する想像力は、ものと心との中間領域を形成し、ものとしての形態と心としての形態をともに取り得る。そして中間領域は、このようなとらえどころのなさのゆえに、サトル・ボディと称せられるのである。

ユングによる事例研究には、治療者と患者との中間領域という考えは存在しない。しかし彼の錬金術研究を、臨床に生かすことはできる。私たちの想像活動が心理療法過程を基礎づけるものとすれば、治療者と患者との想像力が出会うところが両者の中間領域であり、その領域を構成するものがサトル・ボディということになる。治療者と患者いずれにとっても、自身は主として心的存在として、他者は主として物的存在として体験される。治療者と患者との相手に対する投影が出会う場所を想定すれば、その場は中間領域である。中間領域をきわめて切実に実体的に体験するならば、その場はサトル・ボディとして、ものでもあるし心理的体験でもある。ウィニコットの場合、毛布の切れ端やぬいぐるみが移行対象として、母子の中間領域の役割を果たした。

分析心理学の視点から考えてみよう。私が四歳時に体験したように、想像力による心理的な体験をいかにして、同時にものとして体験するかということである。私は空を飛ぶ鳥が単に鳥に過ぎないということを知りながら、それが死者の魂であることも信じられる思いがした。もしも心理療法的な対人関係において両者の中間領域にこのような実体性のある体験ができれば、乖離し分裂した心をつなぐことができるのではないか。母子関係では、子どもの想像力だけでなく母親の子どもに向けての想像力も、移行対象と中間領域の形成に不可欠の要素だろう。錬金術の場合には、錬金術師と助手との想像力が中間領域としての容器において出会い、そのなかで変容過程が生じるのである。心理療法では、治療者と病者との想像力による中間領域がいかに形成され、彼らの心と身体がいかに切実に、その領域でのサトル・ボディ体験に参加するかということが問われる。詳しくは、後の第八章で検討しよう。

3　夢と中間領域

第四章で取り上げた事例について、少し触れておこう。患者が治療者に怒りを向けたとき、治療者の心にも怒りが生じた。そのとき治療者は心に生じた、男性が蛇をナイフで切断するというイメージに主体的に関与し続けた。そうするとやがて、治療者のいらいらした怒りの感情は解消して楽になっていった。

　男性がナイフで蛇を切断し殺害するというイメージは、私の心のなかでの出来事である。しかしそのとき私は面接の現場で、患者と私とを隔てる約一メートルの中間のところに、蛇と蛇を殺害する男性とを切実に体験した。私は、私の体験を両者の中間領域に投影していたとも言えるだろう。心理療法的な対人関係において、関係性の深まりを心理的かつ実体的に体験する必要がある。そのために治療者は、自身からある程度距離を置いた場で、想像力を用いて関わりを体験しなければならない。私が想像力を通して、支配的操作的な患者を表す蛇を切断し殺害する光景を、両者の間の領域で体験したことが、私に彼女との融合状態を解消させ、彼女も母親との分化を促進することになった。

　中間領域において心の癒しが生じるためには、私たちの想像力がある種の実体性を持たねばならない。想像力が実体的である場合、想像内容はその象徴機能によって、心の乖離や分裂を統合させる。

　私たちが夢を見るとき、夢は自らの心理的な体験として自身に所属する。同時に夢は、夢として把握されたときには自分と切り離されており、ある程度他者性を備えている。夢は自身の体験ではあるが、それは完全に意識化できるものではなく、充分に自らに所属するものではない。夢は自己そのものでも他者そのものでもなく、ある種の自己性とある種の他者性を持つということになる。こうして夢は、中間領域として機能しうると考えられる。結局夢が治療者患者関係の枠組みのなかで切実な実体性を備えているとき、それは中間領域として両者を融合状態から分化させ、同時に深い関わりを結ばせ、そして患者の乖離や分裂や断片化を癒すように作用するだろう。

夢や想像力の実体性は、それらが心理的に切実に実在するものとして体験することによって得られる。例えば夢5－2について考えるなら、どうであろうか。熱いアイロンは、夢見者の足に焼き付いて離れない。中間領域としての身体が、切実な実在性をもって体験されている。家を出ようとしている患者に、夢は母娘関係の課題に取り組むように求めている。夢5－1では身体体験が、夢を見た男性を覚醒させるほどの実体性を備えている。このようにして覚醒した身体は、永遠の少年である患者を、地上につなぎとめる役割を果たす。さらに中間領域が癒しの場として機能するために、患者は中間領域の体験を通して、そこで超越的なものと出会うことがある。夢5－1で覚醒体験の場に寺の境内が選ばれたのも、超越的なものと出会うためであった。夢や想像力が中間領域として癒しの場になるためには、その領域の実体性、象徴性、そして超越性を必要とするだろう。

4　中間領域としての身体

現代の分析心理学者であるシュワルツ－サラントは、ユングのサトル・ボディ概念、つまりものと心、あるいは体と心との中間領域の体験であるサトル・ボディを、心理療法場面に生かそうとしている。

例えば、四十歳で境界性人格障害の女性ポーラの事例である。[3] 彼女は学童期に、父親から性的虐待を受けていた。治療者であるシュワルツ゠サラントは、面接中に男女の二人一組を想像する。この想像活動には、治療者ばかりでなくポーラの身体も参加しており、想像力を通して彼女が父親から受けた性的外傷体験を取り扱う。ポーラはこのような作業によって、父親との融合的な関係から分化していく。シュワルツ゠サラント自身が指摘しているように、面接中に治療者の性愛に関係する情動を取り扱うことは危険である。しかし彼は、このような技法に伴う行動化の危険性を防ぎながら、治療者に生じる身体感覚を含めたサトル・ボディ体験を、絶えず意識化しようと努めている。

ユングの錬金術的な変容の器という考え方を基礎にして、中間領域としての身体について検討してみよう。錬金術の容器は、ラテン語によってワス（vas）と呼ばれている。心理療法的な容器が治療者と患者との間に形成され、その器のなかで変容過程が生じる。心理療法的な器は、錬金術的な容器と対応させることによって、構造を明らかにすることができる。想像力を用いて治療者と患者との間に容器を形成し、内容物の変容を促進することは、錬金術の心理的側面である。ユングは次のような、興味深い指摘をおこなっている。すなわち錬金術的な変容の器は、最終産物である賢者の石を獲得する過程が生じる場を提供するだけでなく、矛盾しているが、石そのものであり、人格の中心としてのセルフでもあるという。[4]

心理療法家としての経験から、心理療法的容器の大切さがよくわかる。心理療法は結局、治療的対人関係と自己治癒の力動とによって成就される。[5] 私たち治療者の仕事は、自己治癒の心の動きが生じるような仕掛けを作ることであり、これは治療的な対人関係の深まりを通して、錬金術的な容器を形成することである。転移逆転移関係の進展によって容器が生じれば、自己治癒つまり心の自然な癒しが期待できる。このように考えると、容器の形成が心理療法の目的そのものであるとも考えられ、ユングによる錬金術的容器と賢者の石やセルフとの同一視を受け入れられるだろう。しかしユングは、現実の治療者患者関係が内的な容器の形成にどのような影響を与えるかという点については、全く触れていない。この点を明らかにしていくことは、現代分析心理学そして本書の課題でもある。

分析心理学における心理療法的な変容の容器（vas, container）は、ユングの錬金術研究を出発点としている。容器は、ウィニコットの「抱えること」（holding）やビオンのコンテナ（container）と類似している。しかし分析心理学と精神分析との相違としては、ウィニコットやビオンの理論が母子関係、つまり子どもを抱える母親から生じているのに対して、ユングの容器が錬金術の象徴を用いている点である。そして何よりも、彼が想像力を重視したことだろう。

ノイマンは分析心理学者であったが、発達早期の子どもにとって、母親が子どものセルフとして機能する、と述べている[6]。母親が母子関係における容器として、そしてまたセルフとして働くとすれば、ノイマンは錬金術に基礎を置く変容の容器と、母子関係を土台とする精神分析的な容器とをつないでいるとも言えるだろう。治療者と病者との中間領域に守られた場、つまり容器を形成し、そこで変容の過程を体験することによって癒しが生じる。治療者と患者とは治療的な対人関係を形成するが、外的な両者の関係性ばかりでなく、容器のなかに同時に関係性を生じている。このような二つの関係性を治療者として体験していくことは、必須の作業であろう。

中間領域という概念は、なぜ必要だろうか。臨床経験から考えてみよう。心の変容が容器のなかで生じるとすれば、私たちはこのような容器のあり場所をどこに求めればよいだろう。容器は生きた器でなければならず、それが治療的な対人関係と想像力によって生じることから、変容の容器は治療者と患者との中間領域に生じると言える。

5　心の癒しが生じるとき

夢2－1を取り上げて、治療的対人関係と中間領域における容器のなかの出来事について考えてみよう。この夢を報告した患者は、第二章で説明したような慢性蕁麻疹を病んでいたばかりでなく、月経期間中に繰り返しおこなわれる反社会的行為に悩んでいた。夢2－1を体験するまでの一年間に、治療者患者関係の深まりがあった。つまり不妊症である患者が月経中に問題行動をすることに対して、治療者の違和感は相当減少していたのである。

患者の心の癒しは、慢性蕁麻疹の消失と問題行動の克服とで知ることができた。月経期間中に買物をしても、われ知らず行動してつかまるということがなくなったのである。治療者としての私は、面接の繰り返しを通して、中間領域における容器のなかで、患者との間に内なる対人関係を体験していたと考えられる。患者は有能な職業人としての人格と、反社会的な行為を繰り返す人格とのある種の分裂に苦しんでいた。しかし治療者が患者に感情移入することができるようになったとき、患者の病気は容器としての治療者の身体に移されたのである。治療者は患者の問題行動に、大きな違和感を持たなくなっていた。第二章では、このような癒しについて布置の逆転という概念を用いて説明した。

本章では、中間領域における容器のなかの体験として説明できるだろう、容器のなかの内なる治療者と患者との間の距離が接近し、治療者が患者の心の分裂を受け入れることができたとき、患者の病気は布置の逆転を通して、治療者に移されることになる。治療者が患者による問題行動という罪を、自ら引き受けたとも言えるだろう。しかし変容の器による患者に対する守りは、治療者自身が直接患者を守ることではない。あくまでも患者は両者の関係性によって、間接的に守り支えられるということである。

容器のなかの出来事と、外の治療者患者関係とはどのように対応しているのだろうか。外的な治療関係の枠組みはきわめて大切であり、治療者と患者との間に適切な距離をとることによって初めて、両者の間に布置の逆転あるいは病の伝染が生じ得る。医学的には蕁麻疹は伝染性の病気ではないが、心理学的には内なる患者の蕁麻疹が容器のなかの内なる治療者に移されることによって治癒したと考えられる。第二章にあるように、患者は「先生に蕁麻疹を移したので、私の蕁麻疹がよくなったかもしれない」と語った。

夢2－1に関しては、内なる患者の身体と内なる治療者の身体とが中間領域における容器に入っており、両者の身体同士が心理的に接触することによって患者の治療者への病気移しがおこなわれる。しかし治療者に移した病気を注射によって治すのは患者自身だから、第二章で論じた布置の逆転という私の視点は、依然として重要である。

ここで述べたような患者の病気を移されて病気になった治療者の身体は、あくまでも容器のなかの存在であり、容器の内容物である。しかし興味深いことに、患者の心における内なる治療者が彼女の病気を抱え引き受けているという点では、治療者の身体もまたひとつの容器として機能しているのである。治療者としての私が、患者の反社会的行為や慢性の蕁麻疹という病気を違和感を克服して相当に受け入れられるようになったとき、私の心のなかに患者を抱える心的容器が生じ、このことに刺激されて患者の心に第二の容器が布置した。先に述べたようにこれは患者から治療者への病気移しであるが、決してそれだけではない。

なぜなら、患者から治療者への病気移しのみでは、患者の病は癒されない。夢2－1で患者がおこなったような、患者自身による癒しの作業が必要である。夢では、患者が自分の病気を抱える容器となってくれた内なる治療者に対して、注射のイメージを用いて治療的な援助をおこなっている。このことは、患者の心のなかに自らの病を抱える容器が布置したということである。

このような容器の布置という私の考えをさらに明快にするためには、中間領域という概念がなければならない。治療者と患者との心は距離が近くなって布置の逆転が生じるだけでなく、他方で両者が適切な距離をとる必要がある。適切な距離をとれなければ患者は、自分の病気を抱えてくれた内なる治療者を抱えることはできない。つまり患者は、自分自身の病を抱えられないのである。

治療者と患者とが心理的に接近し、しかも適当な距離をとるという矛盾した要求に応えるためには、両者の中間領域に内なる治療者と内なる患者とを含む第三の容器を想定することが必要である。治療者の心のなかの第一の容器、患者の心の第二の容器、そして中間領域における第三の容器は、それぞれが布置の力動を通してつながっている。三つの容器は、因果的に関連しているものではない。治療者である私が内なる患者として、能力のある職業人としての患者と月経中に問題行動を繰り返す女性としての患者とを、ともに抱えられるようになったときには、患者の心には破壊的な自分をも抱えられる容器が生じ、そして両者の中間領域に、夢2－1で癒しの作業がおこなわれる、面接室をも含む第三の容器が布置したのである。

6　心の傷つき

本事例では、患者の心のなかの治療者の身体が変容の器としての役割を果たした。私は医学的な意味で蕁麻疹で苦しむことはなかったが、患者のために裁判所で証言するなどを通して、患者を抱えることの大変さを感じるようになっていた。心理療法家は患者からの影響を受け続けるので、患者と自分を守るために、患者との関係性のもとでの自身の心の動きに敏感でなければならない。

患者にとって、心理療法が進展するまでの間は、建設的な治療者患者関係を、想像力を用いて心理的に体験することは困難である。心理療法には危険性が内在しており、治療者と患者との中間領域に守られた容器を形成することができず、治療者が実際に体の病気になったり、患者の問題に巻き込まれて精神的な変調を来すこともある。ときには治療者が、困難な患者との関係性が引き金となって自殺してしまうという危険すらある。治療者自身を守れなければ、患者を守り通すこともできない。治療者は心のなかに傷ついた患者を想像力を通して抱えながら、しかもその作業に圧倒されないように自分を守り続けるという、困難な課題を背負わされている。

前章において、中間領域としての身体が癒しの機能を持つためには、その身体体験が実在性、象徴性そして超越性を備えていなければならない、ということを述べた。身体の覚醒ということは、中間領域におけるこれらの三要素を高めることに外ならなかった。

癒しが生じるための前提として、傷つきが存在しなければならない。私たちが自らの傷つきを認め、それに向き合うことは容易ではない。このことは健康な人でもそうだが、不思議なことに、心が深く傷ついている人にとってはさらに困難である。傷つくということは、換言すれば病気になるということでもある。治療者と患者との中間領域における容器のなかで、傷つきや病気が癒されるというしんどい過程を、患者との関係性の深まりを通して守り支えるという仕事がなされなければならない。

心理療法の実際について考えてみよう。前章で取り上げた夢5－2は印象的である。夢を見た若い女性の左足の甲に、熱せられたアイロンが焼き付いて離れない。彼女は足の甲に、火傷によるケロイドを生じるだろうと感じている。この女性は子どもの頃から、母親から受け入れられたことがない、母の関心は兄に向いている、と感じてきた。女性が母親との一泊旅行に出掛けることを決めた夜の夢だということを考え合わせると、彼女における母親との関係性が、足の甲にケロイドを作っていると言えるだろう。

傷つきがなければ癒しもまた生じない。患者が自分の心の傷つきを認め、それを心に抱えられなければ、癒しは起こらない。そのためには、自らの傷つきを対象化できなければならない。対象化のために、中間領域という概念はきわめて有用である。そしてまた中間領域という考えは、その場における容器という装置に直ちに結びつく。患者が自らの傷つきに向き合うということは、治療者と患者との関係性によって形成された中間領域における容器に、その傷つきを収容するということである。これは抱えることでもある。中間領域の容器のなかに傷つきが抱えられなければ、癒しは始まらない。

この女性は、母娘関係に由来する傷つきから癒されることによって初めて、自分自身の人生を生きることができるだろう。足に焼き付いて離れないアイロンが痛みや苦しみを与えることは、彼女が癒されるためには避けられないことかもしれない。女性の課題を容器のなかに収容する作業である。私たちの心が癒されるためには、逆説的だが、痛みや苦しみや病を避けることはできない。破壊的なものを通過しなければ、建設は開始されない。このことは、心理学的錬金術において、変容のために原材料の黒化や腐敗の過程が省略できないのと同じである。ユングは「腐敗ということがなければ、錬金術作業の目的を達成できない」(7)と述べている。この視点は心理療法過程にも、そのまま適用することができる。

7　癒しの技法と距離の問題

容器における傷つきは癒されることを、そして課題は取り組むことを要求する。理解を助けるために、ある若い女性が分析開始二か月後に見た夢を紹介する。

夢6－1

同年輩の女性二人と私と、あわせて三人で深くて流れの速い川で泳いでいる。へたに自分の力で泳ごうとすると、流されてしまう。こういう川では確か、川の流れる方向にそって泳ぐのだったなと思う。しばらく泳いでいると、蛇が一匹出てきた。でも騒いではいけない、直ぐにいなくなるだろう、と思ってじっとしていた。ところがまわりの石垣からも、蛇がうじゃうじゃ出てき始めた。土地の人に、蛇が出てきてもじっとしていればそのうち消えてしまうから、と言われたことを思い出して一所懸命がまんしている。

すると蛇が私の周りに群がってきて、足首に噛みついた。他の二人も、蛇に噛みつかれているらしい。とうとう三人とも我慢し切れなくなり、川から出た。

三人のうち一人が薬を持っていて、毒のある蛇もいるかもしれないということで、あわてて薬を塗る。川から上がると、土地の人たちが集まってきて口々に、私たちが蛇に嚙みつかれた話をしている。


女性は、心理療法家になるための養成期間中にこの夢を見た。癒しの技術を学ぶためには、分析家との間で自らの心が癒される過程を体験しなければならない。そのために中間領域における容器のなかで、傷つきと癒しとを経験する必要がある。女性は仲間とともに、蛇に嚙まれるという傷つきを体験する。さらに傷つきを、蛇の毒素にも有効であるらしい塗り薬で治療する。このように考えると結局、蛇に嚙まれることによる傷つきは、心の傷が癒されたり、あるいは癒しの技術を身につけるためには、欠くことのできない過程だと言える。

中間領域の体験は、傷つきが癒される過程で省略できないものである。行動化することを許されない私たちは、想像力を通してのみ、この過程に参加できる。本書では夢を通して、治療者と患者との関係性が語られることがある。そのため、面接場面で両者の間にどのような想像活動が働いたのかという点が、充分明瞭でないことがある。しかし治療者が自らの想像活動に没頭し、それと同時に活動を意識化する作業をおこなうのは、大切な課題だろう。治療者と患者との間に想像力が機能するからこそ、それが患者の夢体験として深められる。夢の体験そのものと、面接中に夢について話し合う再体験を通して、癒しはさらに促進される。逆に夢体験を知れば、治療者と患者との間にどのような想像力が働いたか推測できる。

分析心理学派が陥りやすい危険性も、考慮しなければならないだろう。夢分析の場合しばしば、夢内容の分析は手段に過ぎないということが忘れられ、夢分析が目的そのものとなってしまう。夢内容を神話や昔話のモチーフと対応させることによって拡充するのも、治療者と患者とがともに想像力を体験する妨げになることがある。夢5－2について夢見者から聴いたとき、治療者である私は自分の左足に、ある種の違和感を覚えた。しかしそれは、女性が夢のなかで体験したような鮮明な痛みではなかった。前章で述べたように、治療者が患者と類似のものを、想像力を用いていかに切実に体験することができるか否かということは、決定的に重要である。治療者のこのような体験過程を私は、変容性逆転移[8]と呼んでいる。

中間領域と想像力の問題は、心的距離の主題と関係する。フロイトは禁欲規制の意義を強調することによって、治療者と病者との間に外的な距離をとる必要を述べた。このようないわゆるフロイト的治療態度が持つ重要性は、学派の相違を超えて、現代でも変わることがない。

視点を変えて、このことを内的距離ということから見てみよう。心理療法の仕事を有効に進めていくためには、さまざまの相反する要請に同時に応えなければならない。患者との面接を開始することによって、患者が夢のなかで妊娠を継続するような、心理的に近い体験をしながら、それにもかかわらず融合的関係に陥らないように、適切な内的距離を保持することが求められる。治療者が病者の近くにいて、しかも距離をとるという課題に、中間領域における容器という概念が役に立つ。

ある心理臨床家の担当した男子分裂病者の事例から、その一部を引用させてもらうことにする。[9]患者は中学校時代から奇妙な行動が見られたが、職業訓練校を卒業後、職場を転々とした。二十歳代の半ばに勤務先で「自分が好きな女性が同僚にレイプされた」という被害妄想を契機に、精神科病院に入院となる。さらに数年後再入院して退院した後、外来で心理療法を三年間にわたって受けた。

面接開始二年後、患者が精神病の妄想世界からある程度脱け出せるようになったのには、治療者の次のような夢体験が関係している。

夢6－2

黒い大むかでがたくさん飛んできて、私の腕に次々と卵を産みつける。産みつけたところから、幼虫が孵化する。そのとき、顔や体の膿みただれた男の子がやってくる。私がその男の子を抱こうと思って抱けないでいると、男の子が私の手を取り、自分のペットを見せてくれる。それは、空飛ぶ大むかでであった。

8　器の問題

夢6－2では、膿みただれた男の子で表される患者と治療者との、両者の身体が容器として機能している。精神病的な侵襲が、おそらく空飛ぶ大むかでとして表現されているだろう。大むかでの卵を産みつけられている治療者の身体と、膿みただれている患者の身体は、容器自体が傷ついていることを表現すると考えられる。容器の傷つきのために、そのなかで精神病的な病理を癒していくのは容易ではないが、傷つきと癒しの機序については、精神病でも基本的に変わるものでない。

治療者の身体と病者の身体は、ともに中間領域の容器として機能する。しかし身体ばかりでなく、内なる治療者と患者とが関わる場も、容器を意味するだろう。中間領域における容器というイメージが、夢6－2よりもさらに明瞭な夢を、次に挙げておこう。抑うつ症状に苦しむ女性が、面接開始一年半後に見た夢である。この夢を体験してから二か月後には、病者の抑うつ症状は消失している。

夢6－3

どこか昔風の家のなかを見ると、水色のふさふさした毛をした母猫と、同じ色のたくさんの子猫たちがいる。その近くには、うすい桃色をした母猫と、同じ桃色をした一〇匹くらいの子猫がいる。猫が一度にこんなにたくさん子どもを産んで、母猫は大丈夫なのかしら、と私は近づいてみる。

桃色の母猫とその子猫たちは、知らない男性の飼い主に、お湯の入った洗面器のようなもので、お風呂に入れてもらっているところだった。母猫はすっかり眠ってしまっていて、お湯から出されても眠ったままだった。たくさんの子どもを産んで疲れているんだな、と私は思った。

夢見者は連想として、動物はときどき私の夢に出てくるけれど、こういう母猫のイメージは初めて。お風呂については、私もこの頃疲れているなあと思う、と語った。

すでに述べたように、治療者と患者とが関わりを深めながら、同時に治療者の考えや感情を押しつけず患者の自由を確保することは、心理療法の基本的な課題である。このような課題に取り組むために、中間領域という概念は、私たちに多くの示唆を与えてくれる。中間領域の主題は、本書の後半、特に第九章における容器についての検討に引き継がれるものである。

夢6−3について、少しだけ触れておこう。お湯の入った洗面器は、おそらく治療者と患者との中間領域における容器である。母猫と子猫たちは、患者における母娘関係に関する課題を表しているのではないか。そして男性の飼い主は、治療者イメージに結びつくものだろう。そして飼い主をも含む家を、容器としてとらえることもできる。

第七章　心理化

心の癒しを考えるとき、私たちは自らの課題に主体的に向き合わざるを得ない。しかし自分の心の傷つきを見つめることは、決して容易なことではない。自分自身の傷に目を向けることを、なるべく避けようとする。傷を見なければときには痛みを忘れるけれども、傷口に目をやれば、それまで気づかなかった痛みまで感じ始める。したがって私たちは、自身の傷つきをできる限り認めまいとする。

病者だけでなく健康者にも、そして治療者にも同じことが言える。傷つきや病や人生の課題に向き合うことの困難は、私たちに悩みや苦しみをもたらすが、興しのためには悩みや苦しみを体験的に通過することが要求される。それは心理化と呼ばれる作業である。本章ではこの作業について検討してみよう。心理化は、心理療法を基礎づける考え方である。

1　心理化とは

ユングは一九三六年、心理化（psychization）ということについて、人間の本能一般と関連させて述べている。[1] 本能が心理的に体験されない場合、本能衝動は単なる本能的な刺激としてのみ機能する。この本能刺激を、内在している心理的なパターンに変化させる過程を、彼は心理化と呼んでいる。ユングが、米国ハーヴァード大学での英語講演「人間の行動を決定する心理学的要因」のなかで語ったものである。講演は、ユングが初めてアーキタイプ（元型）という言葉を用いたことでも有名である。しかし彼は心理療法における患者や治療者の体験について直接言及したのではなく、あくまでも人の本能と心との関係に、一般論として触れたに過ぎない。ユングはその後、心理化という言葉を用いていない。

分析心理学における元型派の創始者とされるヒルマンは一九六六年、ユングと同じく、心と本能との関連という点から心理化について考えた。ヒルマンはユングを引用しながら、本能としての創造欲求について取り上げている。ユングとヒルマンにとって創造欲求は、食欲・性欲・活動欲そして反省の欲求と並ぶものである。彼らによれば、人生の意味や目的がわからないことに悩むという現代の神経症は、創造欲求を心理化することに失敗するところからくるという。[2]

ヒルマンは一九七五年、彼の考えを発展させて、心理化ということと人間の想像力とを結びつけた。心理化は想像力を通してなされるということを指摘したのは、ヒルマンのすぐれた功績である。[3]しかしヒルマンは想像力の意義を強調するあまり、臨床の実際から遊離する。あるいは、人の心を臨床とは別個の、文化や芸術を通して理解しようとしていると言える。例えば彼が、「心のあらゆる活動のように、心理化には影の側面がある。心理化を精神病理学的に誇張したものが精神病である[4]」と述べるとき、私が用いる心理化概念とは異なることがわかる。ここでは心理化という言葉を、もっと狭く厳密に使用したい。精神病者の心の世界はしばしば、意識化困難な妄想やそれに類するものによって支配されており、癒しにつながる心理的体験になっていない。私たちの想像活動が心の傷の癒しに結びつくためには、相当程度それが意識化可能でなければならない。そうした想像活動を、心理化としてとらえよう。

心理化について、次のように定義できる。なお定義(4)から(7)までについては、後に述べることにする。

(1) 私たちが生きる上で経験する日常茶飯の出来事、身体に生じる現象、さらには私たちが対人関係においてとる行動を、心理的なものとして経験する場合、それを心理化という。心理化とは、さまざまの経験を心理的な現象として経験することである。

(2) 心理化には、自らの課題や傷つきに対して正面から取り組むという、主体的な態度の問題が含まれている。心理化する態度の持つ意義については、すでに本章の冒頭で触れた。治療者が心理療法的な関係性のなかで自らの経験を心理化しようと取り組む場合初めて、患者の心にも心理化の動きが布置する可能性がでてくる。言葉を換えれば、治療者が心理化の布置に心を開くことができるようになったとき、患者は自分の経験を心理化できるようになる。これまでのところは、すでに相当論じたことがある。[5]

(3) 心理化するためには、意識の参加がなければならない。課題や心の傷つきに対して主体的に取り組む作業には、意識化の作業が含まれる。精神病者の病的な経験は、すでに述べたように、意識化が非常に困難だという点で、心理化されているとは言えない。しかし精神病者でも、治療者との心理療法的な関係性に支えられて、自身の内界と意識的に取り組もうとするとき、心理化が始まることがある。

2 夢と心理化

夢は、私たちが心の心理化を促進するための材料になる。しかし夢における心理化の程度はさまざまである。心理化の定義の第二の項目として、自らの心理的な体験に対する私たちの態度を取り上げた。自我関与の度合いである。課題や傷つきに対して正面から取り組むという態度は、夢の内容として表現される。

心理療法事例の断片に触れておきたい。分析を目的として夢を記録すること自体が心理化の作業であるが、作業を進展させるためには、私たちが自身の傷つきに真剣に取り組むことが求められる。このことを、夢を通して知ることができる。抑うつ状態の女性の夢を左に挙げておこう。

夢7－1

私は何かの薬が必要で、その薬をもらうために医者へ行こうとしている。その医者はけわしい山のなかに住んでおり、健康でない体にはしんどい、山道を登って行かなければならない。おまけにもうすでに夕方で、山を登っているうちに日が暮れてしまう。そんな危険なところに行くなんて普段では考えられないけれども、どうしても薬が必要だったので、私は体を引きずるようにして山を登り始めた。

薬をもらうために山中に住む医者を訪問するという夢内容から、女性は自分が受けている分析そのものを連想している。分析を進展させることは心理化を迫ることであって、それは課題や傷つきに直面することである。心理化することで傷つきが癒されればよいが、成功しなければ傷を深くすることになるかもしれない。分析を受けることには、危険性を伴うのである。この夢から患者の、自らの命運を賭して面接に取り組もうとする姿勢が伝わってくる。

女性は心の傷つきに対する取り組みを、心理的な体験としておこなっている。その取り組みは主体的で、真剣に正面からなされた。そして自分の体験を意識化することができる。この女性は、先に挙げた三つの定義から、自分の経験を心理化できていると言えるだろう。

夢7－1は、分析開始二か月後のものである。女性は、「前回先生（治療者）が、分析らしくなってきたと言われた。自分でも、分析のプロセスのなかに入ったと思う。今の気分の不安定さや危うい感じが、夢に反映されている」と話す。分析の過程に主体的に取り組み、過程の一部になり切ることは、受ける者にとってしんどいことである。これまで自分の傷つきを切り離し、その痛みを体験してこなかった人にとって、分析を通して傷に向き合うことは、新たに傷つくことだろう。分析作業そのものにも、外科手術のメスのような傷つける側面が存在する。

患者の連想に対して私は、「分析を受ける大変さが伝わってくる。続けて受けることが唯一の方法ではないかもしれない。どうするかよく考えてみては」と伝えた。夢7－1と患者の連想を聞いて、彼女の傷つきの重さを思った。しかし治療者として私は、患者の抑うつを伴う傷つきから逃げていた、と考えられる。夢7－1を支配する、暗さや希望のなさと共にとどまり続けることこそ必要だった。病者に見捨てられ感を与えただろう。私は彼女がもしも自殺でもしたら、という不安を抱いていた。抑うつ気分の強い場合治療者は、暗さや自殺念慮をどこまで抱え続けられるかということが問われる。

病者はこの面接の次の回に、次のような夢を報告した。

夢7－2

知らない同年輩の男性が、元気のない様子で私のところに来て、悲しそうに言う。「自分がいいなと思っていた女性に知的障害のあることがわかって、関われなくなってしまった」と。男性はそんなことで左右されない人だと思っていたので、私はそのことを彼に伝えた。彼は、「関わるべきというのは充分わかっているのだけれど、気持がどうしても受け入れられない。情ない」というようなことを話す。

患者は知的障害のある女性のイメージについて、連想を語った。

連想7－1

自分の今のうつはもともと自分が持っている障害で、改善するものではないと思う。私自身苦しくて先生のところしかないと考えているのに、私はしんどさを覚悟しているのに先生は、大変さを充分受けとめてあげられなくてすまない、という言い方をする。私としては、もっと先生を信頼して来ているつもり。先生は私のしんどさのなかに直接入っていかない、という感じがする。

3　希望のなさについて

病者は自分の抑うつについて、生来性の障害だから改善するものではないと言う。おそらく彼女が障害と呼ぶ世界は、ある種の希望のなさが支配する領域だろう。

私たちが希望のない状態あるいは絶望を体験することの大切さは、うつに悩む人に対する時ばかりではない。あらゆる心理療法対象にとって言えることである。人の心のなかのさまざまな動きは、ある種切実な体験を通過しないと心理的な経験にならない。ときに絶望を通して初めて心理的な体験になる。治療者は希望のなさのなかに踏みとどまることができず、光の方向にばかり心を開こうとする。私はこの女性に教えられて、死と絶望の世界に入っていく、ある程度の覚悟を持つことができたように思う。不思議なことであるが、希望からではなく絶望から、心理化と癒しが始まるのである。この問題は、第十章でもういちど取り上げる。

患者はさらに次の回に、関連する夢を見ている。

夢7－3

私は若い男性の友人（夢7－2に登場する男性と同一人物）と歩いている。男の人は私より一歩下がったところに位置するけれど、私はその人の肩に少し寄りかかるようにして歩いている。

とても暖かい感じを覚える。

この夢は、心の癒しが始まる転回点となったものである。夢のなかの男性は患者の友人と似ており、この後分析の進展と現実の友達との関係の深まりとは、数年かけて併行して進んだ。治療者との分析的関係性の深まりは、被分析者の日常における心の動きに布置し、異性との交際が発展することがある。このような場合、病者が心の動きを心理的に体験できないために行動で表現するという行動化ではなく、心のなかの動きが日常にも出現するということから、布置という概念でとらえる方がよいだろう。治療者としての私が、夢7－1や7－2で見られるような病気や障害の持つ破壊性に心を開くことができて初めて、患者は両者の関係性から暖かさを受け取ることができるようになる。このことが、夢7－3を通して示されている。

ところで、心理化ということを考える場合、定義(4)として、《私たちと体験との間に適切な関係性を保つ必要がある。私たち治療者は癒しばかりでなく、破壊的な動きをも布置できるように心を開いていなければならない。しかし同時に私たちは、布置した体験によって支配されてしまってはならない。こうした関係性は、自我と体験との間の心的距離の近いあるいは遠いということでは決められないものであろう。このような関係性は、私たちの夢と自分自身との間にも見ることができる》。心理化と心の癒しについて考えるために、人と体験との関係について、神話の素材を用いて検討してみよう。

4　神話と癒し

日本神話を材料にして、心理化のための人と体験との関係性について考えてみる。『日本書紀』巻第五では、崇神天皇に関する神話が語られている。神話では心の危機的状況が、しばしば世の中の混乱や政治の乱れや疫病の流行として表現される。このことは、次のように物語られる。

五年に、國内《くにのうち》に疾疫《えのやまひ》多《おほ》くして、民《おほみたから》死亡《まか》れる者《もの》有《あ》りて、且大半《なかばにす》ぎなむとす。
六年に、百姓《おほみたから》流離《さすら》へぬ。或《ある》いは背叛《そむ》くもの有《あ》り。其《そ》の勢《いきほひ》、徳《うつくしび》を以《も》て治《をさ》めむこと難《かた》し。(6)

ここに述べられているような危機的状況に対して、どのように対処したらよいのであろうか。天皇は天神地祇に祈ったけれども効果なく、七年の二月、占いによって解決法を知ろうとする。

是《ここ》に、天皇《すめらみこと》、乃《すなは》ち神淺茅原《かむあさぢはら》に幸《いでま》して、八十萬《やそよろず》の神《かみたち》を會《つど》へて、卜問《うらと》ふ。是《こ》の時《とき》に、神明《かみ》倭迹迹日百襲姫命《やまとととびももそひめのみこと》に憑《かか》りて曰《のたま》はく、「天皇、何《なに》ぞ國《くに》の治《をさま》らざることを憂《うれ》ふる。若《も》し能《よ》く我《われ》を敬《ゐやま》ひ祭《まつ》らば、必《かなら》ず當《まさ》に自平《たひら》ぎなむ」とのたまふ。天皇問ひて曰《のたま》はく、「如此《かく》教《のたま》ふは誰《いづれ》の神《かみ》ぞ」とのたまふ。答《こた》へて曰《のたま》はく、「我《われ》は是倭國《これやまとのくに》の域《さかひ》の内《うち》に所居《を》る神、名《な》を大物主神《おほものぬしのかみ》と爲《い》ふ」とのたまふ。時に、神《かみ》の語《みこと》を得《え》て、教《をしえ》の隨《まにま》に祭祀《いはひまつ》る。然《しか》れども猶事《なほこと》に於《し》て驗《しるし》無《な》し。天皇、乃ち沐浴齋戒《ゆかはあみものいみ》して、殿《みあらか》の内《うち》を潔淨《きよまは》りて、祈《の》みて曰《まう》さく、「朕《われ》、神《かみ》を禮《ゐやま》ふこと尚未《なおいま》だ盡《ことごとく》ならずや。何《なに》ぞ享《う》けたまはぬことの甚《はなはだ》しき。冀《ねが》はくは亦夢《またいめ》の裏《うち》に教《をし》へて、神恩《かみのみうつくしび》を畢《つく》したまへ」とまうす。是《こ》の夜《よ》の夢《みゆめ》に、一《ひとり》の貴人《むち》有《あ》り、殿戸《みあらかのほとり》に對《むか》ひ立《た》ちて、自《みずか》ら大物主神《おほものぬしのかみ》と稱《なの》りて曰《のたま》はく、「天皇《すめらみこと》、復《また》な愁《うれ》へましそ。國《くに》の治《をさま》らざるは、是吾《これわ》が意《こころ》ぞ。若《も》し吾《わ》が兒大田田根子《こおほたたねこ》を以《もっ》て、吾《われ》を令祭《まつ》りたまはば、立《たちどころ》に平《たひら》ぎなむ。亦海外《またわたのほか》の國有《くにあ》りて、自《おの》づからに歸伏《まうしたが》ひなむ」とのたまふ。

秋八月《あきはつき》の癸卯《みづのとのう》の朔己酉《ついたちつちのとのとりのひ》に、倭迹速神淺茅原目妙姫《やまととはやかむあさぢはらまくはしひめ》・穗積臣《ほづみのおみ》の遠祖大水口宿禰《とほつおやおほみくちのすくね》・伊勢麻績君《いせのをみのきみ》、三人《みたり》、共《とも》に夢《いめ》を同《おな》じくして、奏《まう》して言《まう》さく、「昨夜《きず》夢《いめ》みらく、一《ひとり》の貴人《むち》有《あ》りて、誨《をし》へて曰《い》へらく、『大田田根子命《おほたたねこのみこと》を以《も》て、大物主大神《おほものぬしのおほかみ》を祭《ゐやま》ふ主《かむぬし》とし、亦《また》、市磯長尾市《いちしのながをち》を以《も》て、倭大國魂神《やまとのおほくにたまのかみ》を祭《いは》ふ主《かむぬし》とせば、必《かなら》ず天下《あめのした》太平《たひら》ぎなむ』といへり」とまうす。天皇、夢《いめ》の辭《ことば》を得《え》て、益《ますます》心《みこころ》に歎《よろこ》びたまふ。

（省略）

即《すなは》ち大田田根子を以て、大物主大神《おほものぬしのおほかみ》を祭《いはひまつ》る主《かむぬし》とす。又《また》、長尾市《ながおち》を以《も》て、倭《やまと》の大國魂神《おほくにたまのかみ》を祭《いはひまつ》る主《かむぬし》、とす。（省略）是《ここ》に、疫病《えのやまひ》始《はじ》めて息《や》みて、國内《くにのうち》漸《やうやく》に謐《しずま》りぬ。五穀《いつつのたなつもの》既《すで》に成《みの》りて、百姓《おほみたから》饒《にぎは》ひぬ。[7]

引用した神話の時間経過について、補足しておこう。流行病や謀叛による神話世界の危機的状況は崇神五年から続いている。七年二月にモモソヒメへのオホモノヌシの憑依が生じる。同年八月には、アサヂハラマクハシヒメ・オホミクチノスクネ・イセノヲミノキミという三神が、同時に同一の夢を見る。そして引用文では省略されているが、同年十一月に天皇がオホモノヌシとオホクニタマとを祭らせる。これによって、約三年間にわたって継続した危機的状況は癒される。

もうひとつ明らかにしておきたいことは、オホモノヌシは出雲神話における中心的存在であるオホクニヌシの和魂（にきみたま）で、オホクニタマは荒魂（あらみたま）と考えられるということである。[8] この神話全体の構図は、天孫系の崇神天皇が出雲系のオホモノヌシやオホクニタマを尊重することによって、天孫系政治における過度の権力集中が是正されて調和を回復する物語だと理解できる。心理学的に、一面性を補償する対極物を取り入れることによる、全体性獲得の神話だとみなされる。

ここでは心理化の問題を、人とその体験との関係性の視点から検討しよう。崇神天皇の治政における五年目から始まった疫病の流行や政治の混乱がおさまらないので、天皇は翌六年アマテラスとオホクニタマを祭ったが効果がない。[9] 七年二月に卜占によって神々に意向を聞こうとしたとき、オホモノヌシがモモソヒメに憑依して伝えられた指示に従って、オホモノヌシを敬い祭ったけれども、霊験は得られなかった。日本神話における神話的世界は天孫系のアマテラスと出雲系のオホクニヌシによって構成されている。すでに述べられたような天孫系と出雲系との宗教的な調和を達成することだけで癒しが生じるということならば、崇神六年に天皇がアマテラスと出雲系のオホクニタマの両神を祭った時点で、世界の混乱は終息したのではないだろうか。

問題は内的な対極物の調和だけではないはずである。人間と超越者との関係のあり方が検討されなければならない。私たちが超越者とどのような関わり方をするかということは、決定的に重要である。

5　超越者との関係性

崇神天皇がアマテラスとオホクニタマを祭った時点で世界の混乱がおさまらなかったのは、天皇と超越者との心理的なつながりを欠いていたからであろう。私たちの心が癒されるという機序の一部として、超越者あるいは聖なるものとの関係性の成立がある。天皇が両神を祭るという行為には、これらの聖なるものとの直接的な交流が含まれていない。

ついで、モモソヒメに憑依したオホモノヌシと崇神天皇との関係について考えてみよう。天皇はモモソヒメを介してカミの声を聴いているわけだから、彼にとってある種の心理的な体験になっているはずである。しかし憑依という現象には、私たちの意識の関与が全く欠如している。そのため、心理化された体験とは言えない。このことはモモソヒメにとってそうであるが、天皇にとっても当てはまる。オホモノヌシとの交流に、天皇の心のなかの世界が参加していない。モモソヒメと彼女に憑依したオホモノヌシとは、後者が前者の意識領域を完全に支配するという関係性が成立しており、対話的な関係ではない。

崇神天皇は結局、自ら夢を見ることで、その夢から解決法を得ようとして、おそらく特別の部屋で眠る。この部分は『古事記』では、天皇が神牀《かむとこ》で寝《やす》むことになっている。[10] 神話学者西郷信綱はこの部分の解説で、殿《みあらか》あるいは神牀は、忌み（けがれを避けて）つつしみ神に夢を乞うて寝る床であり、神牀に就くのは霊夢を得るための祭式的行為にほかならない、と述べている。[11] 実に適切な理解である。さらに西郷は、夢を見るための特別の寝床のある部屋を夢殿とし、このような夢見の作業がインキュベーション（参籠）、すなわち病気の治癒や何らかの課題の解決法を得ようとして聖所に眠ること、に相当すると言う。[12] これもまた当然のことながら、妥当な解釈である。

天皇は自らの夢のなかに解決法を得ようとして特別の寝床に眠り、目的とする夢を見る。その結果この夜の夢に貴人、すなわちオホモノヌシが登場し、世界の混乱がやむための方法を教えられる。夢のなかの貴人というのは、民話「味噌買い橋」に登場する「仙人のような老人」によく似ている。私たちの心における超越者の存在をイメージで表したものであろう。崇神天皇による夢を通した超越者との関わりと問題の解決は、自己治癒の過程である。自己治癒は、しばしば超越者との関わりを通して獲得される。

重要なことは、崇神天皇自身が疫病の流行と国内の政治的混乱が解消されることを願って、夢告を得ようとしたことである。モモソヒメに憑依したオホモノヌシから得た解決法には、天皇の心の積極的な関与がなかった。私たちがある事象に対して意識的にどのように関与するかということは、決定的なことである。意識の関与のない不安や抑うつなどの症状も、私たちが主体的にそれらに取り組むときには、治療者患者関係と治療者の想像力に支えられて、症状は変化し始める。

人間と超越者との関係性ということに関しては、人がいかにカミから支配されることがなく、しかもカミとの間に切実な関わりをいかに持つかということが重要である。繰り返しになるが、民話「味噌買い橋」における長吉と豆腐屋の主人との、夢に対する、そして夢のなかの超越者への態度の相違である。長吉は貧乏で、そして信心深い。彼にとって貧困の問題と、そして魂の救済の課題とは切実であっただろう。豆腐屋にとっては生活は満足すべきものであり、現状の変革を求めておらず、心のなかの世界も正面から取り組む対象ではなかった。このような理由で、長吉は自らの夢を心理化することができたが、豆腐屋は心理化への意欲を欠いていた。ここで述べている人と超越者との関係性の問題は、心理化の定義(4)で述べたように、私たちと体験との関係性の問題と重なりあう。私たちはカミに心を開くように努めるが、同時に超越者に支配されることなく対峙しようとする。これによって初めて、超越者との関わりが心理的な体験になる。

崇神天皇の神話について、ひとつだけ補足しておこう。すでにオホモノヌシはオホクニヌシの和魂で、オホクニタマはオホクニヌシの荒魂であると述べた。[13] 和魂は、神霊の親和・平安・調和の働きの側面に対して与えられた名称である。また荒魂は、神霊の積極的・活動的な作用に対して与えられた名称である。[14] このように日本神話における神格はしばしば、それぞれが対極的な心性である和魂と荒魂とを備えている。

崇神七年二月に天皇は自ら願って夢にオホモノヌシを見て、そのオホモノヌシによって自分を祭るようにとの示唆を受ける。しかし同年八月のアサヂハラマクハシヒメなど三神が同時に体験した夢では、和魂オホモノヌシのみでなく荒魂オホクニタマをも祭祀するようにとの教えを得て、崇神天皇はこれを実行する。すでに指摘した天孫系と出雲系との調和だけでなく、このような和魂と荒魂との対極的な性質も、わが国の神話の基本構造を示している。日本人の心的宇宙が和魂と荒魂とのバランスによって支えられているとすれば、どちらか一方を過度に強調することは危険なことであろう。この意味から、やさしさや平安のみに一面的な価値を見出すことは健全なことではない。

疫病や政治の乱れによって象徴的に表現された神話的宇宙の危機は、天皇と超越者との関係性の成立によって癒された。この場合に考慮しなければならないことは、心理化についての定義⑷で述べた私たちと体験との関係性ばかりでなく、定義⑸《心理化のためには心の対極的な両側面をともに尊重する必要があるということである。ここで取り上げた「崇神紀」では、そのことは天孫系だけでなく出雲系の神格をも尊重すること、和魂だけでなく荒魂とも関わっていくことを意味している。このような心の全体性への配慮が心理化の前提となる》。

すでに述べたように、崇神天皇による夢見を介した心理化の作業は、インキュベーションと見なすこともできる。分析心理学者マイヤーは、古代ギリシアのエピダウルスにおけるアスクレーピオス神殿での、病気治療を目的とした夢見を伴う参籠、すなわちインキュベーションを研究した。マイヤーは、次のように指摘している。

まず浄化の沐浴をすることは、インキュベーションのために必要な条件であったらしい。古代では、沐浴に身体と魂を浄化する作用があるとされていた。それは魂を身体との混合から解き放ち、そうして魂が神と自由に交流できるようにするためであった(15)。

アスクレーピオス神殿で参籠しようとする者は、神殿に入る前に沐浴して身体を潔めなければならなかった。このことは崇神天皇が神牀で就寝する前の斎戒沐浴と軌を一にしている。日本神話を研究する場合、広い視野から普遍性を発見しようとする姿勢が大切である。

神話から学ぶことは多い。『古事記』の垂仁天皇に関する説話である。皇子ホムチワチの緘黙は、天皇が自ら体験した夢告によってオホクニヌシを拝み、社殿を造作することによって癒され、言葉が話せるようになる。わが国の神話で「崇神天皇紀」と類似の出来事が繰り返されているが、「垂仁天皇記」では皇子における緘黙の癒しを語っているので、心の危機と癒しはより個人的なレベルで語られる。

第二章で布置ということについて検討したが、ここでは心理化との関連で触れておこう。崇神天皇がオホモノヌシとオホクニタマとの両神格の祭祀をおこなう直接の契機は、アサヂハラマクハシヒメ・オホミクチノスクネ・イセノヲミノキミという三神が、両神格を祭るようにとの夢のなかの超越者の教えを受けたことである。崇神天皇自身の夢にはオホモノヌシが登場し、ただオホモノヌシを祭ることのみが示唆されていた。アサヂハラマクハシヒメら三神の共時的な夢を得て、オホクニヌシの和魂と荒魂であるオホモノヌシ・オホクニタマ両神格の祭祀が実現し、世界は調和を回復し癒される。

心の癒しを考えるとき、私たちの体験を共有してくれる他者がいることは決定的に重要である。体験を共有する人がいることによって、私たちは支えられたり守られたりする。このような体験の共有は因果論的に生じるばかりでなく、布置という機制を通じて起こるのである。布置による治療者と病者との体験の共有に守られて、病者は自らの体験を心理化することが可能になる。心理化の定義の(6)として、《治療者と患者とに体験を共有させる布置は、私たちの心理化を促進する》と言えるだろう。

6　抱えること

心理療法の現場に返って考えることにしよう。患者が自分の体験を心理化することがなければ癒されないけれども、その前提となるのは治療者による体験の心理化である。治療者と患者とを問わず、私たちが自らの体験を心理化するためには、その体験を抱えることができなければならない。心理化の条件として、定義(7)《私たちが体験を抱え続けること》を挙げよう。

私がスーパーヴァイザーとして関与している研究会で発表された、事例の断片に触れておこう。

ある女性治療者が、教育相談室で遊戯療法をおこなっている。治療開始時六歳の女児で、選択性緘黙と診断できる。女児は現在九歳で、治療開始から三年を経過してなお継続中である。女児の治療者との関係は成立し、中断の期間はあったが、彼女は治療者との関係性によって支えられている。別の母親面接者による併行面接がおこなわれていた時期があるけれど、母親と面接者との関係がうまくいかず、今は女児の面接者が一か月に一回母親にも会っている。三年を経過した現在、緘黙症状は充分改善していない。

この遊戯療法を担当する女性治療者は、共感する力に優れた人である。ところで女児の母親は娘を好きになれず、女児の心の傷つきは深い。女児はプレイルームでの遊びのなかで、ナイフで自分の左手首を切る真似をする。また彼女が自分と同一視していると考えられる昆虫の体から出血している、という場面の描画を繰り返す。

治療者はある回の遊戯療法で、プレイルームに座って床についている女児の手を見てかわいいと思い、その手の隣りに同じように自分の手を並べた。治療者はまた、すでに述べたプレイの内容を通して女児の心の傷つきを感じ、彼女をいとおしいとも考えた。同じ回のセッションで、治療者は女児との心のつながりを願って、女児との間に両手のひらをぴたっとくっつけ合ったという。その後のセッションでも、手のひらを介した身体接触は、治療者と女児との双方から何度となくおこなわれている。

遊戯療法は全体として、順調に進んでいるように思われる。治療者が豊かな感受性と共感する能力を持っていることも確かである。ここでこの治療の、今後の課題について考えてみよう。すでに触れたように、病者が自身の傷つきや課題を抱えられるようになる前提として、治療者が患者との関係性のもとで自分の傷つきを抱える必要がある。

治療者と女児とを含む遊戯療法の場に、内なる傷ついた女の子が布置しているのではないか。この女性治療者は実際に深く傷ついた女児との関わりを通して、元型的な傷ついた女の子の布置に強く影響されている。治療者が女児とぴったり両手のひらを合わせるという行為が象徴しているように、前者は後者と自分自身とを同一視しているように思える。治療者は傷ついた女の子の布置に対して心を開くというよりも、布置に巻き込まれた可能性がある。

それでは私たち治療者は、どうしたらよいだろう。共感する力を持った治療者ならば、深く傷ついた女児に対して、いとおしいと感じるだろう。しかし私たちがそのいとおしさを心のなかに抱えることができない場合、いとおしいという治療者の思いは、心理的な体験にはならない。つまり心理化されないのである。

治療者が自らの内なる傷ついた女の子を抱えることに耐えられず、それを心理化することができないなら、病者もまた傷ついた女の子を抱えることも心理化することもできない。ここでは抱えることと心理化することは、ほとんど同義語である。女児が内なる傷ついた女の子を抱え、そして心理的に体験するためには、治療者自身が心のなかの自身に由来する傷ついた女の子と、女児から投げ入れられた傷ついた女の子との、共通点と相違点とを区別する作業ができなければならない。

7　治療者の傷つきと怒りを抱える

抱えることと心理化との関連について検討してきた。すでに述べたように、治療者と患者とによって構成される治療的対人関係によって傷つきや課題が抱えられて、私たちは初めて心理化に取り組むことができるのである。このことを、私の担当した事例の断片を用いて、さらに説明してみよう。

ある女性患者とのある回の面接内容について考える。現在四十歳代であるが、大学時代には左手首切創という自傷行為の既往歴がある。面接を開始して数年を経過し、抑うつ症状や自殺念慮、さらには摂食障害からは回復し、現在は職場にもほぼ適応している。しかし対人関係が不安定で、比較的些細なことで傷つく傾向はなお残っている。

面接室に入ると女性は、ここまで来る途中で前の時間に面接を受けた人に道で会いそうで、それがいやで脇道に隠れていた。面接から次の人の面接までの休み時間が十分では少な過ぎる、そういう設定は治療者の身勝手だ、と涙を流しながら抗議をした。こうした内容の女性による怒りの表明が、十五分も続いた。そして箱庭の制作をすすめた治療者に対して、箱庭のためのミニチュアをこわしたくなるとも言う。さらには女性は、言いたいことがいっぱいあるように思うけれど、何も言えないと訴える。

治療者である私は、次の人の面接までの休憩時間が十分では短過ぎると抗議する患者に対して、確かにその通りかもしれない。二十分か三十分に変更すれば、彼女の傷つきは防げるかもしれないと思う。しかし他方では、時間の制約から、容易に休み時間を延長できないとも考えた。患者の見捨てられによる傷つきから発した執拗な抗議によって傷つけられている自分が、治療者自身ようやく見えてきた。そして私は、患者の要求の理不尽さを感じ始める。傷つけ続ける患者に対して、怒りを覚えることを通して自分を守ろうとする。女性の理不尽な要求に対して、治療者が怒りを感じるのである。

私は傷つき続いている自身に目を向け、怒りを伴って、自分をそれ以上傷つくことから守ろうとした。治療者もまた、限界を越えて傷ついてはならない。自分自身を守れない治療者は、患者が自らを守る作業を援助することができない。私は自分の怒りに気づき、自身が怒りを感じてもよいと自らを許容できたとき、つまり自分の傷つきと怒りとを抱えることができたとき、ある種のゆとりを持てていた。このようなゆとりが持てたとき、私は患者に対して、患者の怒りと破壊性とが抱えられる可能性を、次のような言葉で伝えた。

面接のなかであなたが怒っても、ミニチュアをこわしたくなっても、二人の関係性によって支えていかれればよいと思います。この面接室であなたは、勤め先や家よりも自由に振舞っているのではありませんか。

箱庭 7-1　怒りを抱える

患者はこのような私の言葉にうなずき、それまでの涙を伴う激しい怒りは急速に消退した。治療者である私が、自分の傷つきと怒りとを抱えられたとき、深く傷ついた患者はようやく、自身の傷つきと怒りとをある程度抱えることができるようになったと考えられる。治療者と患者によるこうした破壊的な体験を抱える試みは、すなわち破壊的な体験を心理化する作業である。

心の傷つきが癒された患者は、【箱庭7－1】を制作した。森のなかにある湖に大きな島があり、その真中で女の子が寝ころんで本を読んでいる。箱庭の四隅にいる大人の女性たちは、写真ではすべてを見ることはできないが、この世界に外から何かが侵入しないように守っている。島の女の子の近くにいる猫は、最近猫を飼いたいと思っているから置いた。枠の上にいる二羽の小鳥は、全体を見渡している、と患者は連想を含めて述べた。

患者である女性はこの回の面接の終了するとき、「私は父に似てすぐに怒り出してしまうところがある」と、述懐している。このような患者の態度からも、彼女が自らの怒りをある程度抱えられるようになったのを知ることができるだろう。

第八章　想像力

私たちが心理学的な方法を用いて他人を援助しようとするとき、人の心の痛みが想像できるかどうかということは、決定的な重要性を持っている。他人の心の痛みや傷つきは、直接触れることができないので、想像力を通してしか知ることができない。

心が深く傷ついている患者は、自らの想像力を心の傷を癒すために利用することができない。ある女性患者は、望んでいないにもかかわらず、自分の身体を傷つける場面ばかり繰り返し想像してしまうと言う。このような場合、病者の力だけでは傷つきを克服できないので、治療者の想像力が病者の想像力に関与する必要がある。治療者は自分の心を行動で表現することが許されない。その代わりに、想像力を心理療法の道具として用いる。この場合の想像力はしばしば、喜びや悲しみや怒りなどの情動を伴っている。情動を含む自然発生的な想像力の世界に、私たちが主体的意識的に関与することによって、治療者にも病者にも治癒促進的な心の動きが生じる。

すでに第四章では、治療者が想像力を通して怒りを体験することの意義を検討した。第六章では、私たち自身と自らの想像力との間にある程度の心理的距離を置くことの重要性、つまり治療者と病者との中間領域で想像力が働くことの必要性を、ユングの錬金術研究を引用しながら論じた。本章ではこれらの二章を補足しながら、想像力の問題をさらに探究することにしよう。

1　錬金術と想像力

一般の辞典によれば、錬金術は西洋中世の化学であり、卑金属を変化させて理想的な金属を得ようとする技術であると同時に、不老長寿の霊薬を求める作業を意味していた。(1) 錬金術は多くの山師たちによる荒唐無稽の営みであったが、一部の錬金術師や助手たちにとっては、人間の本能的な個性化の欲求を、物質の化学的な変化や化学的な結合へと投影する心理的な作業であった。心理学者ユングは錬金術について、この視点から研究した。彼は、物質結合や化学的変容が錬金術師や助手の想像力を通してなされることを、主著『心理学と錬金術』のなかで、次のように述べている。

想像力（イマギナチオ　imaginatio）はここでは、この語の古典古代的用法通り、本ものの、文字通りの想像力、すなわち「心の内に像を結ぶ力」と解されている。……想像力とは（内的な像）の能動的喚起であり、しかもそれは「自然な導きによる」。すなわちそれは本当の思惟、本当の表象行為であって、あてもなく、とりとめもなく、「漠然たる物想いに耽り」、いろいろな対象と遊び戯れることではなく、自然によって心の内に与えられているものを、自然の姿そのままに想い描いた、表象という形で捉えることである。この行為を錬金術師たちは作業（オプス opus）と呼んでいる。(2)（池田紘一・鎌田道生訳）

ユングは、錬金術の心理学的側面が想像力によってなされ、実体のない空想によるものでないことを強調している。この指摘は、心理療法場面でもきわめて有用である。想像力は心に生じる自然発生的なものであると同時に、私たちの心が能動的に参加する過程である。自然に生じるという点では無意識的であるが、心が能動的に参加するという点では意識的でもある。

分析心理学の体系では、後に触れるように、錬金術的想像力は能動的想像の技法と関連するものとされている。しかし私は、能動的想像は自然発生的な面よりも、意識的能動的側面が強過ぎるので、臨床的には有用性が比較的少ないと考える。むしろ自然発生的側面をより重視するやり方で、想像力を現代の臨床に用いるべきであろう。

しかしまず、能動的想像とは何かということから、検討を始めよう。ユングは一九三五年、ロンドンのタヴィストック・クリニックでおこなった講義のなかで、事例に触れながら能動的想像について解説している。ある男性患者は、ユングから能動的想像をおこなうことをすすめられる。彼は、滝や緑の牧草地や中央に数頭の牛の見られる丘が描かれた、駅のポスターのなかに自分がいると想像する。この想像を出発点にして、能動的想像の作業が開始される。患者は想像力を用いてポスターに描かれた風景の世界に入り、そこを通過して、さらにその先の領域に進んでいく。ポスターに描かれていない領域の有り様を、ユングは次のように述べている。

彼（患者）は、牧草地や道路を見ながら牛の間を通り、丘を登って行き、頂上に着いてから、下を見下ろしました。そこはやはり牧草地がなだらかなスロープになっていて、下の方には踏み越し段のついた柵がありました。彼が坂を降りて行き、柵を越えると、峡谷をめぐっている小道や岩があり、その岩をぐるっとまわって行くと、そこにドアが少し開いたままになっている小さな礼拝堂があります。彼は中に入りたいと思いました。そこで、ドアを押し開けて中へ入って行きます。するときれいな花で飾られた祭壇があり、その上に木造の聖母像が立っていました。彼がその像の顔を見上げた瞬間、尖った耳をした何かが祭壇の後ろにパッと隠れました。[3]（小川捷之訳）

ユングは能動的想像について、「内なる絵に精神を集中し、自然の流れを損なわないようにしていれば、われわれの無意識は、完全な物語となる一連のイメージを創造する」[4]という。彼が講義で触れているこの事例の、能動的想像の過程について考えてみよう。丘を登り頂上に到達するまではポスターの描画から強く影響されているが、それから先のイメージの物語は、患者独自の想像上の産物である。

2　想像力と関係性

男性患者が、想像上の祭壇の後ろに隠れた尖った耳をした何かと、どのような関わりをしたかについては述べられていない。このような関わりを含めた患者の想像内容がユングに対して語られ、それが夢と同じように分析材料になったはずである。

患者の想像活動は、ユングの分析室でおこなわれたわけではない。能動的想像は分析家の指導を受けるけれども、想像活動は分析家のいない患者の自宅などで一人でおこなわれる。現代の分析心理学者サミュエルズらは、能動的想像について、次のように解説している。

人が最初にある特定の一点、気分、状況あるいは出来事、に心を集中させる。それから一連のファンタジーの連鎖を許し、さらに連鎖は少しずつドラマの性質を帯びる。その後それらのイメージは自ら生命を持ち、自身の論理によって発展していく。意識的な疑いは克服されねばならず、その結果意識に何が生じても許容される必要がある。……患者はファンタジーの流れを定着させるために、ファンタジーを書き留めるように指導されることがある。記録は次回の分析時間に解釈されるために、持って行くことができる。(5)

以上のような、ユング自身とユング以後の分析心理学者からの引用によって、能動的想像とは何かということが、ある程度明らかになってきた。ところで、錬金術過程における想像活動と能動的想像との関連性について、ユングは『心理学と錬金術』のなかで、次のように述べている。

錬金術は決して純粋に実践的・化学的営為そのものというわけではなく、実践的・化学的営為の内に、あるいはそれを通じて、実験者の無意識内容をも表現しようとしたのであって、その限りでは、実践的・化学的営為は同時に心的営為でもあった。この心的営為は何よりも能動的想像に比較しうるものである。(6)(池田紘一・鎌田道生訳)

ここに述べているように、ユングは能動的想像と錬金術における想像過程とを重ね合わせている。彼はさらに、心理療法における転移逆転移関係を、錬金術過程を通して把握しようとした。すなわち男性錬金術師と女性助手との関係と、両者それぞれの内なる異性という四者によって形成される関係を重要視する。これを心理療法および錬金術過程の基本要素とし、錬金術の四者性あるいは結婚の四者性と呼んでいる。(7)この四者構造が心の変容を促進すると考えたのである。

ユングの内なる異性の重視は理解できるが、重要なのは異性ばかりではない。彼の場合、アニマ・アニムスと名付けられる異性像がときに過度に強調される傾向がある。しかしここでは四者構造、つまり錬金術師と錬金術助手という現実の人間関係と、内なる術師と内なる助手という内的な人間関係との対応を考えてみよう。心理療法の場合には、治療者と患者との関係性と、治療者の内なる治療者（あるいは患者）と患者の内なる患者（あるいは治療者）との関係性という、二重の、そして四者で構成される構造が形作られる。私たちの内界には、異性ばかりでなく同性の内なる他者も存在する。

3　親密さと行動化

ここに述べたような四者構造は近親相姦を防ぐためのものである、とユングは言う[8]。この事情を説明するためにユングが引用している、ロシアの民話「ダニーラ・ゴヴォリーラ王」の内容は大変に興味深い。次にその概略を、『ロシア民話集』上巻から要約しつつ引用する。ユングの引用は短すぎて物語として筋がよくわからないので、もう少し長いものとなる。

昔、年とった女王さまがいた。息子と娘が一人ずついて、二人とも立派な体つきで美しい顔立ちをしていた。それがいじわるな魔女にとってはしゃくのたねだった。「何とかしてこの二人を惑わせ、ひどい目に遭わせてやりたいものだ」と考えているうちに、ある計略を思いついた。そこでずるがしこい狐のように、なにくわぬ顔をして女王さまの前に出てこう言った。「ねえ、わたしの大切なお友だち、この指輪をさしあげましょう。これを王子の指にはめてください。きっとしあわせになり、何をやってもうまくいくでしょう。けれども指輪をはずしてはいけません。それに結婚相手はこの指輪が指に合う娘さんがいいでしょうよ」。

年老いた母親はその言葉を信じてたいそう喜び、亡くなるときには王子にむかって、指輪の合う娘を探して結婚するように言いのこした。

王子は村々や町々を花嫁を探し歩いて、美しい娘に出会うと一人のこらず指輪をはめさせてみたが、探し求める相手を見つけることができなかった。ところが妹が指にはめてみると、その指輪はまるでわざわざあつらえたかのようにぴったりはまって、きらきら輝いた。

「ああ、妹よ、おまえがわたしのいいなずけに決まっていたんだ。わたしの妻になってくれ」。

「何を言うの、お兄さん。神さまを恐れなさい。罪を恐れなさい。自分の姉や妹と結婚する人なんかいませんわ」。

しかし兄はその言葉に耳をかさず、おどりあがって喜び、婚礼の準備をするように命じた。妹は悲しみのあまり、自分の部屋を出ると敷居の上に腰をおろして滝のような涙を流していた。そのとき二、三人連れ立っておばあさんが通りかかったので、王女は呼び入れて食べものをふるまってやった。おばあさんたちは王女が何を悲しんでいるのか、どうして泣いているのかとたずねた。

「そういうことなら、泣いたり悲しんだりするにはおよびません。わしらの言うとおりにすればいいのです。小さな人形を四つ作って、部屋の四隅におきなさい。お兄さんが婚礼の席に出ろといったら、お出なさい。寝室にはいれといったら、急いで行ってはなりません。あとは神さまにまかせておけば大丈夫です。さようなら」。
王子は妹と結婚式をあげ、妹に寝室に来るように言った。このとき妹の部屋の四隅においてあった人形が郭公のように鳴き出した。

かっこう、ダニーラ王は
かっこう、ゴヴォリーラは
かっこう、自分の妹を
かっこう、お嫁にするよ、
かっこう、大地よ、裂けよ
かっこう、王女をのみこめ。

このように王子は妹を寝室に来るように三度呼ぶが、そのたびに人形たちが郭公のように鳴くと、大地が二つに裂けはじめ、王女がだんだんとそのなかへ沈み、彼女はすっかり土のなかにかくれてしまった。王子は斧をひっつかむと人形の首を斬り落として、暖炉にくべてしまった。
王女は地下の世界で、魔女の美しくてやさしい娘に出会い、二人で協力して魔女を燃えている暖炉のなかへ閉じこめ、地上の世界へ逃げ帰る。ところでこの二人は、美しさや気高さ、そして体つき顔つきまで寸分ちがわない。王子は妹を見分けようとして瀕死の重傷をよそおい、この策略で二人のうちの一人である妹を発見する。

このとき王子はどこにも傷を負った様子もなく、さっと立ち上がって妹を抱きしめた。それから王女である妹をあるりっぱな男に嫁がせ、自分は妹といっしょに来た魔女の娘を妻に迎えた。この娘の指に例の指輪がぴったり合ったのだった。それから二人はしあわせに暮らした。(9)

この昔話の骨格をなすものは、地上における王子と妹とのカップルと、地下における、あるいは隠れたカップルである立派な男と魔女の娘という、四者構造を組み立て直して、近親相姦(インセスト)を避けるための新しい構造を作りあげることである。王子の部屋の四隅に置かれてインセストを防止するための重要な役割を果たす人形は、ユングの指摘するように、(10)結婚の四者性を表している。このような四者性あるいは四者構造には、結婚という主題全体の意味するものが含まれる。結婚の象徴的な意味として心理的な結合のみでなく、その対極をなす分化ということがある。王子と妹の結婚がおこなわれれば、結合は生じるが分化は促進されない。インセストを避ける結婚によって、初めて分化が生じる。すなわち、ひとつの家族からふたつの家族が生れる。

さらに重要なことは、この問題には想像力が関与しているということである。魔女の娘が住んでいた地下つまり非日常の異界は、地上つまり日常の領域に比べて、想像力がより強く関係するだろ

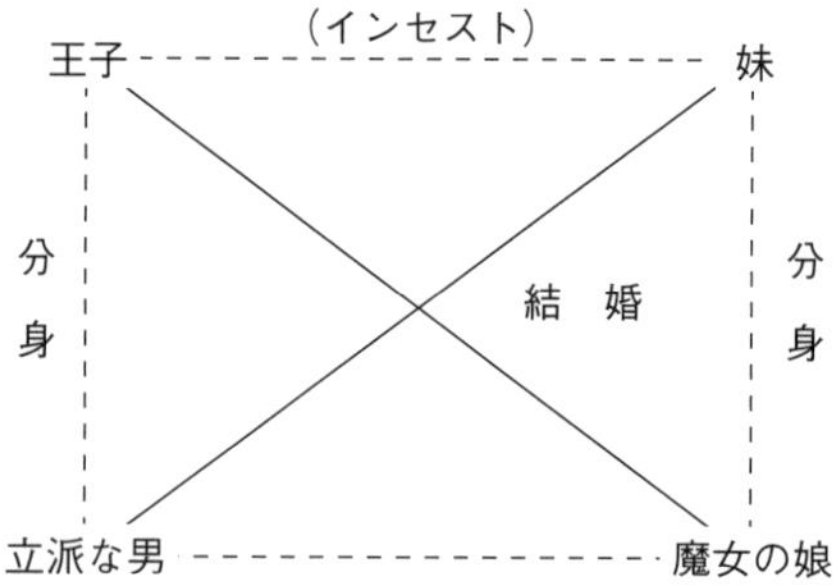

図 8-1　インセストを避ける想像力による結婚

う。王子と妹とのインセストを避ける形の結婚を成就するためには、私たちの想像力を訓練する必要がある。

インセストを避けるということと、私たちの経験を行動化せずに心理的に体験するということは全く同じことではない。しかしインセストの克服には、多大の想像力が必要である。想像力は行動化の克服にもつながる。また逆に行動を控えることによって、初めて想像力が充分機能する。

【図8-1】において、兄妹のインセストに代わって、王子と魔女の娘（妹の分身）、立派な男（王子の分身）と妹、という二組の結婚が成就した。これらいずれの結婚にも地下の領域が関係しており、その点で私たちの想像力が関与する結婚と見なすことができる。

4　想像力を用いた結婚

人間関係を想像力を通して取り扱うためには結婚の四者構造が有効だということを指摘した。ユングを出発点とするこのような構造は、彼の引用した昔話にのみ見られるものではない。私がすでに指摘したものであるが、ここで補足しておこう。(11) それは、『古事記』におけるアマテラスとスサノヲとの聖婚の神話である。

両者の聖婚の物語は、アマテラスはスサノヲの剣を口のなかで嚙み砕いて、それを霧のように吹き出すことにより三名の女神を産む、スサノヲは同様にアマテラスが身に着けていた珠を嚙んで吹き出すことで、五名の男神を生じる。この結果からアマテラスは、男神はアマテラスの物実《ものざね》（種という意味）から生れたので彼女の子ども、女神はスサノヲの物実から生れたので彼の子、とスサノヲに対して宣言する。ここでおこなわれているのはアマテラスとスサノヲとの聖婚であると同時に両者の争いであるが、心の清らかな女児を生んだということを理由に、スサノヲの勝利とされる。アマテラスから生れた五名の男子の一人アメノオシホミミは、地上の王国を築くために高天原から降下する天孫ホノニニギの父に当たる。アマテラスは表面的にはスサノヲとの争いに敗れるが、結局は天上および地上の支配者として君臨することになる。

心理療法を通して傷ついた心が癒されるためには、治療者と患者とのある種の親密さが成立しなければならない。この親密さには、その一部としてエロス的な要素も含まれる。しかし親密さが、行動として表されてはならない。行動化されれば、両者の経験が心理的な体験にならず、患者の心のなかで癒しが生じないからである。

さらに言えば、ここで考えたような形でのインセストの克服によって、行動化の危険性は減少するだろう。例として取り上げたロシアの民話では、王子は妹との結婚でなく、地下にいて妹と同じく指輪が合う女性、つまり妹の片割れである魔女の娘と結婚する。『古事記』では、スサノヲはアマテラスそのものではなく、彼女を象徴する珠（アマテラスの分身）と結合する。アマテラスはスサノヲの分身である剣と結婚する。

このことは、心理療法的な対人関係における親密さを、想像力を介して体験するということである。地下の領域に住む魔女の娘との、アマテラスが身に着けた珠との、結婚ということ自体が想像力によって初めて実現可能になる。これは錬金術的な容器のなかの、インセストを克服する結婚である（【図8－2】参照）。

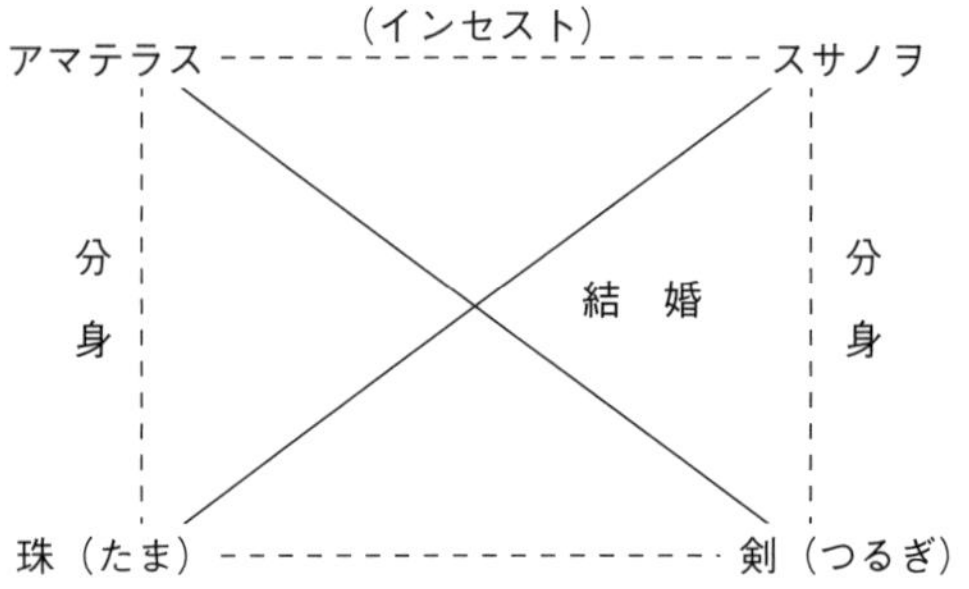

図 8-2　日本神話における結婚の四者構造

ある種の親密さや心理的な結合の体験とは、心の癒しのためには欠くことができない。こうした可能性を否認したり、心から切り離したりすることは、心の癒しから遠ざかるばかりでなく、性的なものをも含めた行動化の危険性を増すことでもあるだろう。私たちは結局、心が癒されるためにときには、想像上の結婚を心理的に体験する必要があると言える。もちろん親密さや結婚は象徴的な作業であって、いつも性的なイメージを伴うとは限らない。

5　治療者の想像力

ユングの錬金術研究と現代の心理療法との関連性について述べた。彼は心理療法の実際や今ここでの治療者患者関係について、多くを述べていない。心理療法的対人関係を直接取り扱うよりも、それを基礎づけている錬金術や神話の研究に力を注いだ。今日の心理療法家に求められることは、ユングが錬金術研究から得た心理療法的対人関係の基本構造についての知見と、心理療法の実際との間に架橋することである。

能動的想像という技法の起源は、ユングの錬金術研究であるが、もうひとつは彼のフロイトからの決別と、それに続く方向喪失の時期（一九一三―一九一八年）における自身の無意識との対話である。[12] このような起源に影響されて、能動的想像には治療者と患者との関係性の視点が希薄である。一般に能動的想像は、患者の意識が強く関与しながら物語を作り上げていく、という特徴がある。能動的想像がしばしば、患者のイニシアティブのもとに面接室の外で、治療者の関与がなくおこなわれるというのも問題であろう。

今ここでの面接場面において、治療者患者関係の枠組みのなかで、ユングが錬金術過程を通して研究した想像力を生かす方法を考えたい。能動的想像は用いず、新しい方法を検討してみよう。病者の場合しばしば、自らの想像力を治療的に利用することができない。想像活動は不安や抑うつなどの症状によって取って代わられている。そのため治療者自身の想像力を、病者の想像活動を補うためにどう生かすか、ということが重要な課題となる。

治療者の想像力は、心理療法の実際場面でどのように機能するだろうか。ここで面接場面に返って、治療者の想像力の働きについて検討してみよう。第四章においてすでに、変容促進的な怒りについて考えたとき、治療者の想像力についても触れたことがある。しかし想像活動は怒りの情動に関係するものばかりではない。例を挙げて検討しよう。

三十歳代の女性の事例である。幼児期から両親との間に傷つく体験を繰り返してきた。彼女は涙を流しながらある出来事について話すが、私がその場面を想像しても感情がほとんど動かない。病者ばかりでなく、治療者の想像力も機能できていないのである。治療者が女性に対して「あなたの感情が伝わってこない」と指摘したところ、これによって彼女は、治療者に叱られたように感じて、新たに傷ついてしまう。すでに触れたように病者は、一般に想像力を働かせることが困難であるから、このような指摘をすることは、彼女を責め傷つけることになっただろう。

女性は面接を開始してから半年間涙を流し続けているにもかかわらず、面接中にも悲しみや抑うつを感じることができなかった。しかし半年を経過してようやく、治療者の前に横向きにソファーに腰かけている女性を見ながら、同時に私と彼女との中間の場に、目の前の患者よりもっとうち沈んでうつ向いている女性と、そばに付き添う援助者の姿を想像できるようになってきた。このような想像活動は自然発生的なものである。

こうした時期に、女性は次のような夢を見た。夢はクライエントの体験そのものであるが、心理療法中の夢は治療者との関係性の表現でもあるので、両者が出会う場である中間領域の体験であるとも考えられる。私が治療者として目前に現実のクライエントを目にしながら、同時に彼女と私とを隔てる小さなテーブルの上にうち沈んでいる女性と内なる援助者を想像上で見るという作業と、この回で報告された夢内容とは対応していると思われた。

夢8－1

私が抱いていたか負ぶっていた知らない男性が嘔吐して倒れ、救急車で運ばれていく。私はその男性の吐瀉物で汚れる。場所は森のなかのようで、公園のようでもある。そこここに人がいて遊んでいる。私はひとりで、丸太を組んで作った遊具のようなものの上に昇って座り、眼下を担架や救急車が行ったり来たりするのを眺めている。

女性は夢のなかの倒れた男性について、「この人はいっしょに歩いていた私のパートナーで、その人が倒れた。もう助からないかもしれない」という。私とソファーに座っている女性との中間領域にうち沈む女性を想像することは、私自身が一時的に抑うつ状態に陥るということでもある。嘔吐して倒れた男性は、内なる治療者自身でもあるだろう。想像上の援助者も私自身も、吐瀉物で汚れたように感じた。そしてこの女性は、男性の吐瀉物によって身体が汚れる。これはどのようなことを意味するのだろうか。病んでいる男性が内なる治療者であるとすれば、治療者の病気に影響されて初めてクライエントは病気と接触することが可能になった、と考えることもできる。つまり自分の傷つきを切り離して生きてきた女性がようやく、それに向き合い始めたということであろう。

この回の面接でクライエントが、「眠っている間も不安がとれない。夢を見ながら寝汗をびっしょりかいている。気持の方もすっきりしない。うつっぽいです」と語っている。彼女が心の領域だけでなく、自律神経系を中心に身体面にも変化を体験し始めていることがわかる。

夢8－1のもうひとつの側面にも、触れておく必要がある。夢の後半の部分では、女性は救急活動に自ら参加することはできず、そうした活動を距離を置いて見ている。彼女のように重い課題を抱えている人にとって当然のことであるが、分析開始半年後の時点では、自ら汚れることあるいはうつになることに対してためらいがあると思われる。

6 実体性の体験と黒化

心理療法場面で治療者の想像力が患者の心の癒しを促進させるためには、想像活動が単なる空想的なものではなく、高度な実体性を伴わねばならない。ユングは錬金術の心理学的研究によって、想像力が実体を伴う場合、その実体的存在をサトル・ボディという名称で呼んでいる。サトル・ボディについてはすでに第六章で論じたが、想像力の問題と切り離して考えることができないので、ここでも考えておこう。

無意識はいわば、未開人の心理によく見られるような精神と物質との中間的存在、すなわち一種の具象物であった。そういうわけで「想像力《イマギナチオ》」もまた自然的行為のひとつとして、物質的諸変化の循環のなかに位置しており、物質の変化に影響を及ぼすとともに、逆に物質の変化から影響をこうむるのである。錬金術師はこのような形で、単に無意識と関係を持っただけでなく、物質とも、それも直《じか》に関係を持ったのであって、彼らは「想像力」によって物質を変化させたいという希望を懐いたのであった。(13)(池田紘一・鎌田道生訳、一部改変)

ここでユングが述べている精神と物質との中間的な存在は、すなわちサトル・ボディのことである。第六章における『心理学と錬金術』からの引用でも、サトル・ボディが物質と心との中間領域を構成し、心的および物質的という両形態をいずれもとり得ることが指摘されている。こうした把握し難い概念と臨床とが、どのように架橋可能であろうか。

夢8－1を報告した女性の、サトル・ボディ体験について考えたい。彼女は面接開始から半年間、面接中に涙を流し続けたが、悲しみや抑うつ気分を感じることはできなかった。女性はこの夢を報告した面接場面で、初めて寝汗と抑うつ気分を訴えた。彼女は想像力の領域において、ものと心との中間領域の体験、そしてそれらの両形態のいずれをもとり得る体験、つまりサトル・ボディの体験をしている。サトル・ボディの物質的側面はしばしば、身体面の機能的変化として体験される。事例の女性にとっては、寝汗として体験されただろう。病者が半年間流し続けた涙は、悲しみやつらさ、つまり心の関与が認められないために、この間はサトル・ボディ体験となり得なかった。

ところで心理療法的対人関係において生じる夢は、治療者と病者との中間領域で生じるものであり、夢イメージの実体性が高まるときには、心的かつ物体的な体験となる。夢8－1の夢内容は、寝汗というある種のサトル・ボディ体験とつながっている。面接中には、嘔吐した男性の吐瀉物が、それによって治療者の身体が汚される居心地悪さばかりでなく、女性にとっても身体が汚れる気持悪さを呼び起こしたのではないか。吐瀉物はものでもあるので、これはサトル・ボディ体験とみなせるだろう。

心の傷つきが癒されるためには想像力を通して実体的な体験、つまりサトル・ボディ体験をすることが必要だと考えた。ところで吐瀉物の体験は、錬金術作業の四段階の一部と関係している。四段階は物質の変容過程に従って黒化、白化、黄化、そして赤化と呼ばれる。黒化は作業当初の原材料の状態である。原材料は最初から黒化の状態にあるか、あるいは原材料が溶解、分離、分割、腐敗することによって黒化の状態になる。黒化は物質の色彩に由来するが、精神的には死や抑うつを表し、烏によって象徴される。(14) ここで述べているような錬金術象徴は意味のない迷信のように見えるが、現代の心理療法の実際から見ても示唆するところが大きい。黒化（ニグレド）の状態を切実に体験できなければ、心理療法過程は進展しない。つまりサトル・ボディ体験によって、ニグレドの段階を通過する必要がある。取り上げた事例では、夢8－1のなかに登場する、病者が倒れた男性の吐瀉物で汚れるという体験が、ニグレドの過程に相当するだろう。

7　治療者の体験

心理療法で患者の心が癒されるためには、傷つきと癒しという類似の過程を歩んでくれる治療者の存在を必要とする。この過程を私は、変容性逆転移と呼んでいる。ユングは錬金術に関して、「『想像力』とは、人間の肉体的かつ心的なもろもろの生命力を一つに集めたエッセンスである。……錬金術師は他ならぬ自分自身の精髄を用いて、自分自身の精髄を通じて作業を行うわけであって、それゆえ彼みずからが自分の行う実験の欠くべからざる条件なのである」[15]と言う。ユング自身、錬金術師と心理療法家が、自らの想像力を用いて錬金術と心理療法の過程を進展させることの意義を理解していた。すでに述べたようにユングは、錬金術研究を今ここでの心理療法技法として発展させる試みをしていない。むしろ彼は、心理療法的対人関係を根底のところで基礎づける基本構造を研究したのである。治療者が心理療法過程の、欠くことのできない一部となる必要がある。

本章で取り上げた女性の事例について、面接開始から半年後、彼女と私との中間領域に、うち沈んでうつ向いている女性の姿を想像できるようになったと述べた。このとき治療者は自分自身吐瀉物で汚れ、気持が沈み、体が重くなったように感じた。私はある種の抑うつ気分のなかにあったが、同時に、それまでの面接中にクライエントが感情を伴わない涙を流していたときに覚えていた、とらえどころのない居心地の悪さが解消していた。あるいは、そのような居心地の悪さが癒されたと言った方がよいだろう。治療者が体験した抑うつ気分と体の重さは、サトル・ボディの体験とみなすことができる。この体験は、両者の中間領域における容器において生じたと考えられる。

患者のサトル・ボディ体験に対応する、あるいはそのような体験と同時的に布置する、治療者のサトル・ボディ体験について検討してきた。臨床例として第四章の事例を取り上げよう。

女性患者に対して、電話での症状の訴えのために面接料金を請求したとき、患者は治療者に激しい怒りを向けた。彼女の怒りは、「私から距離をとって、私を見捨てようとしている」というものであった。治療者は料金の請求が患者の見捨てられ感情を喚起したことをわかりつつも、胸腹部にむかむかとした不快感を覚えた。それと同時に内なる治療者は、小さな机を挟んで座っている患者と治療者との中間の場で、自然発生的な想像活動において、おそらくは患者を表象すると思われる蛇をナイフで切断していた。内なる私が怒りの感情を伴って想像上で蛇体の切断を継続していると、やがて少しずつ私の怒りとそれに伴う自分自身の傷つきが癒されていった。そして興味深いことに患者は、この面接から四週間後には、融合的関係にあってたえず傷つけられながら怒りを向けられなかった母親に対して、夢のなかで、母の口の辺りを打つことを契機として同居の生活を解消した。繰り返しになるが、治療者自身がいかにして想像力を通してサドル・ボディを体験するかということは、心理療法の鍵概念であろう。

想像上の体験の意義については、病者の場合に限らない。ある心理学専攻の女子学生が箱庭実習で、幼児期体験につながる心象風景として鎌倉の寺院を置いたことがある。私はそばにいて、作品が作り上げられるとき、自分の体の内部も参加するような深い感動を覚えたが、彼女も体が芯から暖かくなっていくのを知覚したと語っている。心理療法家になるためのトレーニングとして、治療者が自身の自然発生的な想像活動をサトル・ボディとしてとらえるとともに、病者の心のなかに同様の想像活動が布置するという可能性に心を開かなければならないだろう。

第九章　容器の体験

心理療法に取り組んでいると、傷ついた人が守られる場を面接を通じて提供することが、癒しが生じる前提として非常に重要であることがわかる。しかしそうした場は治療者によって一方的に与えられるものでなく、治療者と病者との関係性の深まりによって作り上げられる。守られた場について語るためには、心の容器という隠喩（メタファー）を用いるとぴったりする。

治療者患者関係によって守られた場を、容器というメタファーを用いて考えようとしている。傷ついた人が守られ安心できる場が提供されるだけでなく、そこで癒しが生じなければならない。容器のなかでの心の変容は、治療者と病者の想像力によっておこなわれる。想像力は錬金術では、容器に加えられる熱に相当する。容器は両者の中間領域に形成される。これまでに述べたことに関連するが、容器の課題について治療者患者関係の視点から検討してみよう。

1　容器の体験とは

容器の体験とはどういうことだろう。そのなかでの変容を促進するために、治療者患者関係はどうあるべきだろう。こうしたことを考える出発点として、事例の断片について触れてみる。

事例は三十歳代で既婚の女性。有職である。月経期間中に問題行動があり、何らかの病気が疑われ、弁護士のすすめで精神科を受診した。医学的な検査によって、不妊症を伴う内分泌系の脆弱性が指摘されたが、投薬などによる医学的治療の可能性は認められなかった。そのため心理状態や人格に働きかける、心理療法が援助の方法として採用された。技法的には、夢分析による分析心理学的心理療法がおこなわれた。

次の夢は、面接開始三か月後のものである。

夢9—1

トイレに行ったとき出血しました。血液中に、白くてぴくぴく動いているものが見えます。よく見ると、それは三か月くらいの胎児でした。生理だと思ったのですが、流産のようです。気分が悪くなりました。(1)

女性は心理療法面接を通して、反社会的行為を自分の行為として問題に向き合い始めた。この夢を見た日の夜、彼女は冬の海で入水自殺を図り救助された。自殺企図の原因としては、出来事から一か月後に治療者へ送られた、次の私信で明らかだろう。面接中に言葉で語られるべきものを、手紙で治療者に伝えるのは行動化であるが、患者は心理療法的な容器のなかで思いを表現することができなかった。

私信９－１

最近自分の弱さや醜さやもろさを見つめることによって、そういうものを受け入れることが少しできるようになりました。でも自分の問題として見たくない気持もあり、それらを充分受け入れるだけの心の器ができていません。完全に受け入れることができるようになるまでには、まだまだ時間がかかりそうです。……私の心は病んでいます。(2)

治療者として私は、患者が自殺しようとするとは全く予想できなかった。彼女はこのままでは刑務所に収監されるという危機的状況にありながら、面接中は微笑を絶やさない。患者が心の傷ついた部分を自身から切り離していたことは、私が彼女の傷つきを切実に感じることができないひとつの要因だっただろう。女性は自殺企図の数日後の面接でも、冬の海に自ら入りもう一歩で溺れそうになるところを救助された有り様を、笑顔を交えながら淡々と語った。しかし私が、患者が自分の反社会的行為に向き合うという心の痛みを、抱えることができていないことは確かである。

心が癒されるということは、治療者と病者との間に生じる想像上の容器のなかで変容が生じるということである。このときの治療者の仕事は、病者という存在そのものを、現状ありのままの状態で受け入れることから始まる。反社会的行為や精神病の世界は、治療者が心に抱えるのは容易でない。私たちは分析やスーパーヴィジョンを受けることによって想像力を豊かにし、抱える力を磨く必要がある。そして同時に、私たちが自分ひとりの力で患者を抱えるというある種誇大的な考えを捨て、あくまでも両者の関係性の深まりを通して容器が形成され、それによって患者ばかりでなく治療者自身も抱えられ癒され得る、という視点を持つべきだろう。

2　容器の形成

夢9－1について、検討しておこう。患者との間に心理療法的な面接を開始して三か月を経過しているが、この時間は流産した子どもの在胎期間と不思議に一致している。日常の時間であるクロノスと、心のなかの動きと関係する決定的な時間カイロスとは、普通併行して進むものではない。だが危機的で切迫した状況では、これらの二つの時間が奇妙に重なりあうことがある。

三か月の間面接を継続することによって、象徴的に患者の子宮で表現されるものが心理療法的な容器の役割を果たしていたのであろう。治療者と患者との心理的な関係性の深まりを通して、そこから生れる癒しの可能性が胎児として育っていたと考えられる。しかしおそらく、治療者である私が、患者の傷つきを充分理解することができなかったために、そして彼女が内なる悪に向き合い始めたために、子宮で表現される容器が順調に機能し続けることができず、流産が生じたのだろう。ところが同時に、流産はしても胎児は未熟児として生きて産み出されたことに気づく。この未熟児が再び有効な容器に収容されれば、成長を続けられる可能性がある。

患者の自殺企図は私にとって青天の霹靂であり、自分がいかに彼女の傷つきを理解していなかったかということを痛感させられた。面接を継続しつつ、彼女にとって問題行動を自己に所属する行為として受け入れることがどれほど傷つく体験であるかということを理解し、抱えようとした。患者は自殺企図以降、月経期間中にも問題行動を繰り返さなくなっている。この出来事の後、新たな治療者患者関係が形成されたと思われる。

自殺企図から約一年後、治療者が遠隔地に転勤することになった。転勤一か月前に患者に告げられたが、転勤の予定はすでに治療開始時にわかっていたことであり、その時点で患者に伝えておくべきであった。このような彼女の傷つきに対する私自身の鈍感さが、両者の関係性によって形成される、心理療法的な容器の維持と発展を困難にした。容器はもう一度危機を迎えるが、それは次の夢を通して知ることができる。

夢9-2

飛行機が墜落しました。多数の死者が出て、私は先生（治療者）と一緒に検死に出かけました。死体は黒こげになっており、人間の形をした死体は一体もありません。そこに肉片のようなものがあって、私はそれをハンカチに包み手に持ちました。するとそれがぴくぴく動きます。ハンカチを開けてよく見ると、女性の子宮と卵巣のようでした。

この夢に関する連想として、患者は次のように語っている。卵巣と子宮のようだったものは彼女自身の臓器のような気がしたが、不快感はなくて、手に持った包みのなかの臓器が動いたのが実に印象的だったと言う。夢は治療者の遠隔地への転勤予定が伝えられた直後のものであり、転勤の事実が患者にとっていかに衝撃的であったかということを物語る夢である。不妊症であり、月経時に問題行動を繰り返した患者は、隠喩的には卵巣と子宮の病気と言えるだろう。患者が治療者の遠隔地への転勤を聞くことによって、心理療法的な容器が破壊される。このことが、飛行機の墜落と乗員乗客全員死亡という夢のイメージによって語られている。私は治療者として、患者の問題行動によって表される破壊性を相当抱えることはできるようになっていたが、彼女が私との治療関係を失うことがどれだけ大きな衝撃になるかということに鈍感だった。心理療法的な容器を保持することの意義が、治療者のなかで充分認められていなかった。

3　錬金術と中間領域

夢の9－2では、全員死亡したにもかかわらず、その場に落ちていた肉片から新しい生命が生じる。しかもこの過程を通して、病んでいた子宮と卵巣とは癒されたと思われる。夢のなかの患者が墜落現場で発見した肉片をハンカチに包んで手に持っていると、それは容器としてのハンカチのなかでぴくぴくと動き出し、彼女自身の臓器としての新しい卵巣と子宮とに変容する。子宮は胎児が育つ容器だから、ハンカチと子宮とは、二重の容器であると言えるだろう。

私と患者とは、二人一組となって死亡した乗員乗客の検死をおこなう。ここには治療者と彼女との協同作業が認められる。両者の間に、ハンカチを材料にした袋という容器と、再生した子宮というさらなる容器とが形成される。

「私は治療者として、患者の問題行動によって表される破壊性を相当抱えることはできるようになっていた」と書いたが、これは正確ではない。患者の内分泌的な脆弱性についても、有能な職業人としての彼女と反社会的行為を繰り返す人との乖離についても、治療者は理解することができた。しかし患者の反社会的行為を繰り返す心に、完全に共感することはできない。私には患者の反社会的行為にも、二つの人格のある種の乖離にも違和感があった。治療者は自分の心を通してしか、患者を理解することができない。治療者が患者の心について、共感できる部分とできない部分とのずれを、自分の心と向き合うことを通して自覚することは大切な作業である。治療者と患者との間に治療的な容器を形作るためには、両者の心が重なり合う部分とずれる部分とを、治療者がともに体験できなければならない。治療者はずれを体験し自覚することによって、患者との融合を防ぐのである。

心の働きの基本的な枠組みを物語る昔話のなかに、このような容器を発見することができる。御伽草子の「鉢かづき」における鉢にも、グリム童話の「熊の皮を着た男」に登場する熊の皮にも、変容の器の機能を認め、それらについて論じたことがある。(3)

ヨーロッパを発祥の地とする現代心理療法にとって、中世西洋文化を基礎づける錬金術は欠くことのできない参照事項だろう。その時代は一方では、キリスト教の天上的なもので支えられた。例えば主要部分が十三世紀から十四世紀にかけて建築されたケルン大聖堂の尖塔は、中世ヨーロッパ人の天上の神に対する熱心な希求を表現していると考えられる。他方で錬金術は卑物質から黄金を作り出し、不老不死の霊薬を調合する技術であった。私はかつてハイデルベルクの博物館で多くの錬金術資料の展示品を見て、それらがいかに当時の文化に根ざしたものであったかに印象づけられた。錬金術は地上の作業であり、天を目指すキリスト教文化を補償する存在であっただろう。

錬金術に従事した人たちは、ユングの錬金術の心理学的研究を参考にすれば、物質変容の仕事だけでなく、彼ら自身の自己実現をも目指していたことがわかる。しかし彼らは物質の化学変化のなかに心の変容過程を投影し、心の変化ではなく物質の変化を重要視した。現代の心理療法で用いられる夢・自由連想・箱庭・描画などでも、それらが治療者と患者との心の投影によって形成されるという点では、中世の錬金術と変わらない。異なるのは、心理療法家が患者の表現と対応して変化する自身の心の動きを、主体的心理的に体験していく作業という点である。

ユングは錬金術過程を、それに従事する錬金術師と助手にとっての、自己実現を投影する作業ととらえた。さらには錬金術師と助手との対人関係の深まりが、例えば物質の結合（化合）という形で錬金術過程に投影されるとも考えた。しかしすでに述べたように、彼は研究を心理療法の実際や技法研究に応用する試みはしていない。ユングの時代には、転移はともかく逆転移関係を心理療法の道具として利用するという考えは、体系化されたものでなかった。現代の分析心理学がこの方面の活動に貢献できるものとしては、錬金術研究に基礎を置く逆転移の検討があるだろう。

治療者が心理療法過程に参加するためには、彼が関与できる場が必要である。錬金術師にとってその場は錬金術の容器であり、心理療法家にとっては心理療法的な器である。錬金術の容器は一種のレトルトであるが、これは箱庭療法で用いられる砂箱を考えるとわかりやすい。患者の想像力の世界を、治療者の想像力が支えることによって、箱庭の砂箱のなかで作品が変化していくのである。錬金術物質の変容と比較することができる。しかし眼前の箱庭のみでは、箱庭療法は中世の錬金術と変わらない。現代の箱庭療法では、治療者が自分の想像力を用いて自身と患者との間に、心理的で生きた容器を作り上げていく必要がある。この作業がすなわち逆転移だと言うこともできる。

錬金術的な容器について、ユングは次のように述べている。

これ（錬金術の容器）は、実質的にはレトルトないし溶解炉であり、変化させるべき物質の容れ物である。それは道具にはちがいないが、第一資料および石（ラピス）に対して独得の関係を有しており、その意味で単なる道具なのではない。この容器は錬金術師たちにとって驚異の的である。つまり不可思議な容器なのである。マリア・プロフェティサは、秘密の一切はヘルメスの容器の何たるかを知ることのうちに存する、と言っている。……容器（ワス）は一種のマトリクスないしウテルス（ともに子宮の意）であって、そこから哲学者の息子、すなわち奇蹟の石（ラピス）が生れる。……というのも容器（ワス）は、錬金術の中心概念がすべてそうであるように、むしろ神秘的な観念、正真正銘の象徴だからである。[4]（池田紘一・鎌田道生訳）

引用された文章には、錬金術的な容器の重要性が強調されている。マリア・プロフェティサは女性錬金術師であって、十七世紀の錬金術書に登場する。[5]心理療法的な容器もその重要性において、錬金術的な容器に劣るものではない。治療者と患者との間に生きた容器が形成された時点で、治療的な作業は半分終わったとも言えるだろう。

4　容器の破壊

錬金術師と助手とは、【図9－1】[6]に見られるように、容器を間にして物質変容のための協同作業をおこなう。錬金術作業と心理療法との共通点は、この図にあるように一対一の対人関係である。心理療法はもとより錬金術作業もその核心をなすものは、治療者あるいは術師と患者あるいは助手との、対人関係ということになるだろう。つまり錬金術における術師と助手とは、心理療法では治療者と患者とに相当する。私たちは夢や箱庭などさまざまな表現を分析材料としつつ、対話と想像力を用いて想像上の容器を形成し、転移逆転移関係による熱を利用して、容器のなかでの変容過程を進めていかなければならない。

心理療法家の第一の課題としては、治療的な対人関係を通して容器を形成することである。その次の仕事としては、容器のなかでの過程が順調に進展するために、容器を破壊から守ることがある。引用文にあるように、錬金術的な容器も心理療法の容器も、象徴的な子宮と考えてよいだろう。本章で取り上げた事例は、不妊症と月経中の問題行動という症状があり、象徴としての子宮だけでなく、日常の現実としての子宮も問題となっていた。二つの夢について、心理療法過程における容器の視点から、もう一度検討しておこう。

夢9－1は錬金術的な容器としての子宮と、容器のなかでの物質変容過程、つまり母胎における

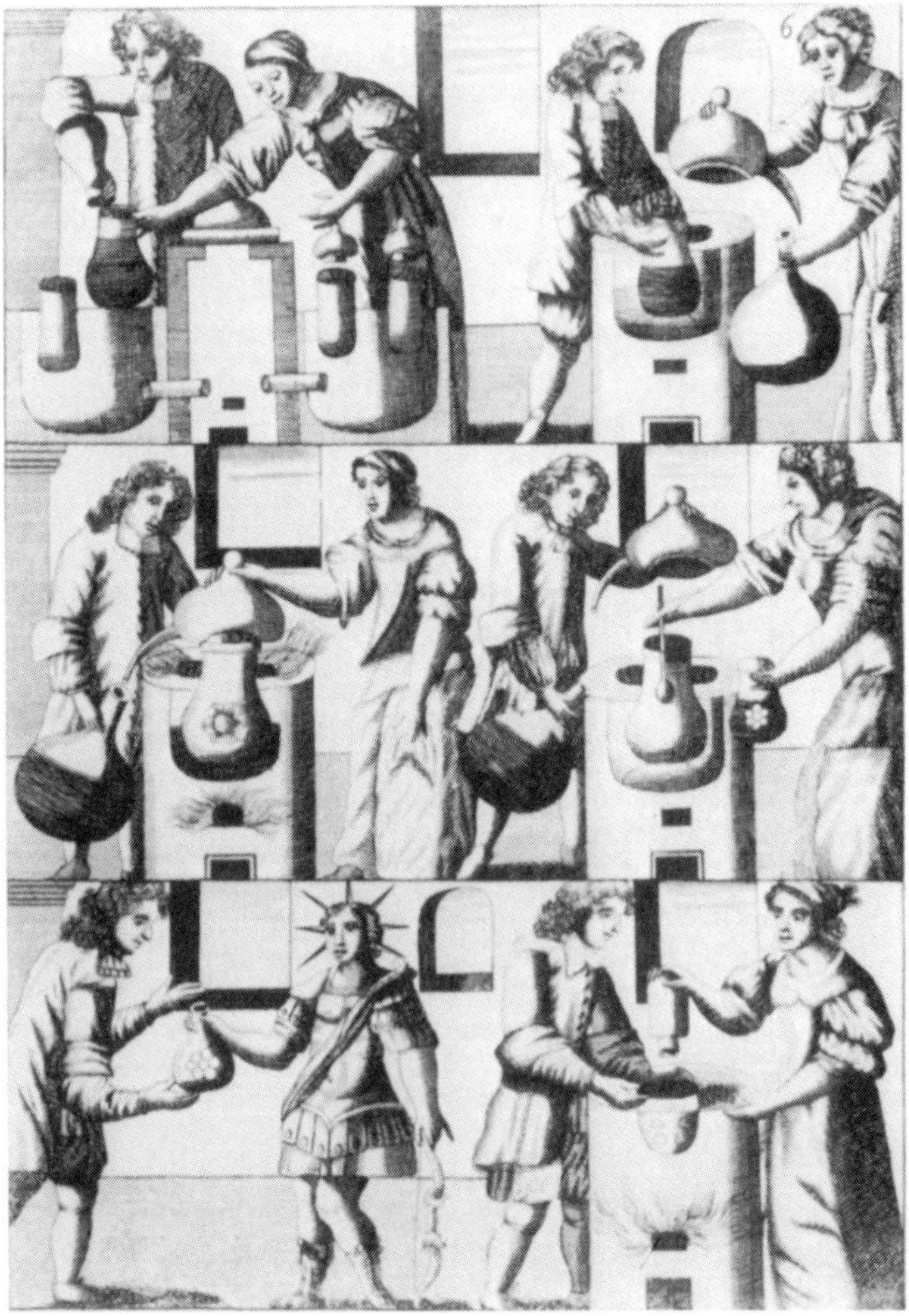

図 9-1　錬金術師と助手との共同作業。最終段階で、太陽が出現し、黄金の花（哲学者の石）がもたらされる。18 世紀の錬金術書から。

胎児の発育が、心理療法開始三か月の時点で危うくなったことを示している。母胎のなかでの胎児の成長は、錬金術的な容器における物質変容の隠喩的な表現である。

すでに触れたように、治療者は患者が自分のなかの悪を自覚しそれに向き合うことによる傷つきを、充分に抱えることができなかった。面接開始当初、反社会的行為を自分に所属しないものとして自ら切り離していた患者は、三か月を経過することで、悪を自分のものとして直面することになる。このような患者の変化と、患者の傷つきに対する治療者の鈍感さによって、彼女の母胎を用いて形成された心理療法的な容器が、その内容である胎児を保持することができなくなった。さらに言えば、治療者は幼児期に例えば、近所の農家の作物を盗んだというような内なる悪を想起することを通して自らの反社会性に向き合う、というようなことができなかった。

錬金術的容器がその内容を保持する機能について、ユングは次のように述べている。

「扉を固く閉じよ」、すなわち「固く密封された容器」という錬金術においてしばしば現われる用心深い措置は、魔法の円と同じ意味合いのものと考えられる。両方とも外部のものの侵入ないし混入から内部のものを守ると同時に、内部のものが外へ逃げ出すのを防ぐという目的を持っている。(7)

心理療法的な容器から、「内部のものが外へ逃げ出すのを防ぐ」ことができなくなったために、流産が生じたのであろう。この流産は、自殺企図と同時的に起こっている。幸いにして患者は救助され、自殺は回避された。おそらく胎児はもう一度子宮に戻され、再び三か月以降の在胎期間を歩み始める。この場合クロノスとカイロスは一致し、約七か月後つまり面接開始から一年近く後には、患者の新しい可能性が誕生したとも考えられるだろう。患者は面接開始三か月後には問題行動をしなくなっているが、月経中に反社会的行為をすることがないという確信を持てたのは約一年後であった。反社会的行為を真に克服するための時間と、子どもの在胎期間とは重なり合う。

患者は問題行動の他に、月経期間中にたびたび生じる難治性の慢性蕁麻疹に罹っていた。この蕁麻疹の消失も、面接開始約一年後のことであった。反社会的行為の克服と慢性蕁麻疹の消失とは、象徴的な子宮における錬金術過程と対比することができる。子宮における胎児の成長は、錬金術的容器における第一資料の、黒化、白化、黄化、そして赤化という四段階の変化と対応しているだろう。症状の消失は錬金術では、原資料が容器のなかで赤化の段階に達し、哲学者の息子（あるいは奇蹟の石、または黄金の花）が誕生した過程とみなすこともできる。

ユングからの引用にある「魔法の円」は、マンダラに相当するものである。彼の考えによれば、錬金術的な容器は心理学的には、心の深層にあって統合の中心であるセルフの機能を果たしている。しかし本書では、分析心理学のセルフ概念をここに持ち出すことは必要と考えないので、これ以上深入りしない。

5　分化を促進する

面接開始一年二か月後に、治療者は患者に一か月後の遠隔地への転勤予定を話す。当時の私は、治療者の転勤が患者にいかに衝撃を与えるかということが、充分わかっていなかった。治療者と患者との関係性の深まりによって容器が形成されるという点から考えても、私自身が容器を破壊したとも言える。ところが今回も、夢9－2から知られるように、治療者と患者との検死という協同作業の場で、患者は自分のハンカチで容器を作り、そのなかに子宮というさらなる容器を回復する。治療者が面接開始時からわかっていた転勤の事実を告げなかったという誤りにもかかわらず、患者が備えていた回復可能性によって、治療関係は救済された。夢9－2では夢9－1と比較して、両者の中間領域における新しい容器の形成が説得的に物語られている。治療者の転勤後、面接開始一年三か月後から二年三か月後までの間、患者は飛行機を利用して治療者の転勤先まで通い続けて、治療終結となった。

治療者が患者との中間領域に心理療法的な容器を形成し、それを外からの破壊から守り、内容が漏れ出ることを防ぎ、さらに容器内での心の変容過程を促進するために、どのようなことが可能であろうか。これらを達成するために、私たちは前章で取り上げた想像力を用いる。

想像力については、治療者自身が自らと患者に関して、分化促進時に働かせなければならない。

治療者と患者との中間領域に心理療法的な容器が生じるためには、両者が適切に分化しており、容器が形成される場があることが前提になる。

患者はもちろん治療者も、人は他者と無意識的に融合することによって、心の傷を癒そうとする。しかし実際には、融合した状態では、個としての自分を体験できず、中間領域に容器が生じることがなく、結局癒しは起こらない。私たちの心の統合は、融合が克服されて個として分化していなければ生じない。このような分化の作業は治療者の想像力を通してなされるが、事例に触れながら考えてみよう。分化させることは、患者を治療者から隔離して無縁な存在にしてしまうことではない。

第四章において、治療者が想像力を通して激しい怒りを体験した事例を取り上げた。私は患者に怒りを伝えることはしていないが、心のなかに怒りの情動とともに、中間領域で男性が蛇をナイフで切断しているイメージが浮んだ。私はこの自然発生的なイメージに対して意識的に関与し、体験を継続した。電話相談に治療者が面接料金を請求したために怒りを向けるという、患者の態度に私は怒りを感じた。その怒りを両者の間の領域で、患者を表すと思われる蛇を内なる治療者が切断するという、イメージを通して体験した。

このような想像上の体験は治療者にとって、自らの内なる患者との融合的関係を分化させる作業であった。治療者が両者の中間領域において想像上の切断作業をおこなうことは、同時に彼の心のなかで融合関係克服の力動が布置しているということである。その場合、患者の心にも分化の動きが生じることになる。夢4－1で示されたように、患者の心に母親に対する怒りを通した融合的関係克服の力動が布置する。治療者の想像力が中間領域で働くとき、それは自らと患者の心のなかに、その想像活動を基礎づけている、例えば融合状態克服のための怒りなど、元型的な心の動きを布置する。

治療者と患者とが、そして前者の内なる患者との間に、後者の内なる治療者との間に、距離がとれるだけでは癒しが生じることはない。治療者と患者との間にある種の親密さ、つまり距離の近さがなければ、容器は形成されない。そのなかでの変容過程も進展しない。このように、治療者の想像力を用いた容器形成の作業は、距離の点で弁証法的なものである。

6 守りの容器

現代社会における守りの乏しさは目に余るものがある。家庭でも職場においても、人びとは守られているという実感を持てない。政治家もマスコミも国民を守ろうとする姿勢に乏しい。

心理療法過程が進展するためには、治療者と患者との間に心理療法的な容器を、想像力を用いて形成しなければならないが、そのことを事例の断片を通して考えてみよう。

ある三十歳代の女性は、自殺念慮を伴う抑うつ状態と、脱水症状を生じるほどの過食嘔吐に苦しんでいた。精神科で抗うつ薬の投与を受けながら、心理療法が開始された。初回面接で患者が語った夢の一部は、次の通りである。

夢9−3

幼稚園児の息子を連れて、園への見送り場所まで来ている。雨が降っている。そこにひとりの見知らぬ女の子がいる。彼女はお母さんと離れるのをいやがって泣きわめき、幼稚園に行こうとしない。女の子は裸になっていて、雨にぬれ、びしょびしょになって泣いている。その子は自閉的な子どもで、意味のわからない言葉をわめくので、周囲の人たちも好奇の目で見ている。

私はその女の子の気持をわかってあげたいと思うけれど、どうにもできない。仕方なく他のお母さんたちと帰る。息子は傘をさして、そこからみんなと歩いて幼稚園へ行く。その女の子は園でも泣きわめき続けて、先生たちはその子に手を焼いている。もっと上手に接したら、女の子と心がつながるかもしれないのにと思う。

夢のなかで患者は、雨にぬれた裸の女の子と心をつなげることを考えている。しかしこの作業は容易でない。すでにこの夢自体が、その後の治療の困難を予測させる。夢のなかの女の子を心理療法的に援助しようとするとき、治療者は彼女との心のつながりを形成する必要がある。その前提となるものは、女の子が心を開いてくれることである。このためには裸で雨にぬれて誰からも理解されない彼女が、守られた状態に置かれねばならない。

患者は夢のなかで病んでいない。しかし彼女の病気は、全く無防備で誰からも理解されない裸の女の子の姿に、投影されて表されている。患者自身も幼稚園の先生たちも、女の子の心が理解できず、守れない。この女の子を治療者と患者との間の容器に収容することが、心理療法の最大の課題であろう。

このような場合、治療者が想像力を働かせて、容器のなかに患者が抱えられるようにできるか否かということが重要である。私は面接中に、裸の女の子の姿から、白うさぎの説話を想起し、患者に「がまの穂にくるまることができればよいですね」と伝えている。しかし幼稚園で、裸の女の子が何らかの方法で守られている姿を想像することはできなかった。治療者である私の想像力は、「いなばの白うさぎ」の説話の想起で終わってしまった。夢のなかの裸の女の子が衣服を身に着けることによって、守られているところを想像できていない。

容器と癒しについて考えるために、『古事記』から「いなばの白うさぎ」に関する説話の一部を引用しておこう。

神話9—1

此の大国主の神の兄弟《あにおと》、八十《やそ》神坐《ま》しき。……共に稲羽に行きし時、大穴牟遅《おほなむぢの》神に帒《ふくろ》を負《おほ》せ、従者《ともびと》と為《し》て往きき。是《ここ》に気多《けた》の前《さき》に到りし時、裸《あかはだ》の菟《うさぎ》伏《ふ》せりき。……是《ここ》に大穴牟遅《おほなむぢの》神、其の菟に教へ告りたまひしく、「今急《すみや》かに此の水門《みなと》に往き、水を以ちて汝《な》が身を洗ひて、即ち其の水門の蒲黄《かまのはな》を取りて、敷き散らして、其の上に輾転《こいまろ》べば、汝が身本《もと》の膚《はだ》の如《ごと》、必ず差《い》えむ」と

のりたまひき。故、教の如為《ごとせ》しに、其の身本《もと》の如くなりき。此れ稲羽の素菟《しろうさぎ》なり。今者《いま》に菟神と謂ふ。(8)

印象的な説話で、心理療法的な容器と想像力の問題を考える際に有用である。オホナムヂは、彼が後にスサノヲにイニシエートされて出雲の王オホクニヌシになる以前の名前である。神話学者西郷信綱は、オホナムヂを仏教の薬師と習合した治癒神と考えているが、(9)当っているだろう。蒲黄《かまのはな》はがまの穂と同じものであり、柔らかな布団の役割を果たし、傷ついたうさぎの肌を包む容器と考えてよい。西郷はさらに、文献を引用して、古代には蒲黄が薬草として用いられた点を指摘し、メディシン・マン（病気治療のための祈禱師）としてのオホナムヂについて述べている。(10)

7　想像力と融合状態

引用した神話にあるように、治療神オホナムヂは大きな袋を背負っている。この袋も癒しの容器を象徴しているだろう。説話には、オホナムヂに対立するもの、いなばのうさぎを傷つける存在として彼の異母兄弟八十神が登場する。引用では省略されているが、うさぎが海のわににによって衣服を剝がれ、傷ついた裸の状態でいるところを、八十神によって「塩分を含む海水に浴し、風に当たれ」という悪意の教えを受け、より一層傷ついてしまう。そのように傷ついたうさぎが、癒しの容器である袋を背負ったオホナムヂの処方によるがまの穂という癒しの容器に包まれる体験によって回復する。説話には、海のわにや八十神といううさぎを傷つけ、あるいは傷を悪化させる勢力と、治癒神オホナムヂとの戦いという構想が認められる。結局がまの穂で包まれるという容器の体験をした傷ついたうさぎが、容器に守られて変容過程を歩み、傷つきが癒された。

興味深いことは、いなばのうさぎが「うさぎ神」と呼ばれるように、カミとなった点である。傷つき、その傷が癒された者のみが治療者になることができる、という思想をここに認めることができる。

治癒神オホナムヂはどのようなやり方で、心理療法的な容器の形成と、そのなかでの癒しの過程を促進したのであろうか。オホナムヂは傷ついた裸のうさぎを目の前にし、さらにうさぎが海のわにに衣服を剝がれた上に、八十神の悪意の教えによっていっそう傷を深めた事情を聴いて、うさぎとの関係性のもとに想像力を働かせたと考えられる。

裸の皮膚がむき出しになったうさぎの、塩水によってさらに傷ついた状態と、それを真水で洗い流したところとを、オホナムヂは心に描いた。私たちは癒しの方法を助言するとき、同時にそのやり方が適用される場面を想像している。オホナムヂの想像力はさらに働き、傷ついたうさぎががまの穂でできた柔らかな布団状のものに包まれる姿を想像したと考えられる。治療者であるオホナムヂの想像力によって、傷ついた患者であるうさぎの癒しのための容器の形成と、そのなかでの癒しの過程は、初めて促進された。

いなばのうさぎがそうであったように、患者自身は傷ついており、自らの想像力を治療的に用いることは困難である。例えば前章で取り上げた場面緘黙の女の子は遊戯療法において、ナイフを用いて自分の手首を切り続けた。境界性人格障害患者はしばしば実際に手首切傷を実行するが、患者の想像力はそのとき破壊的に働いている。先に引用した説話では、破壊的な想像力は八十神の助言内容として表現された。いずれにしても、心理療法が進展するためには、治療者の想像力が関与する必要がある。

想像力と容器の問題についてもうひとつ重要なことは、容器が治療者および患者という両者から保つ心理的な距離である。容器との間に治療者や患者が適切な距離をとれなければ、つまり治療者と患者とが融合状態にあるときには、心理療法的な容器は機能しない。

先の神話では、オホナムヂは八十神の従者として旅に必要なものを入れる袋を背負わされていた。私はこの袋をも、治癒神オホナムヂに所属する癒しの容器として解釈した。しかしオホナムヂは、この袋を直接傷ついたうさぎを包む容器としては用いていない。うさぎが体を真水で洗った後に包まれた容器、つまりがまの穂を敷いたものは、オホナムヂとうさぎとの中間領域に存在する。袋はオホナムヂが治癒神であるためのシンボルではあるが、それを容器として利用するのは、容器が彼の余りに身近になるために適切でないだろう。傷ついたうさぎを自分の袋に収容する場合、オホナムヂとうさぎは融合的関係を形成してしまう。

オホナムヂを治療者だと考えれば、もし彼がうさぎを自分が背負った袋に収容する場面を想像することで癒しを促進しようとするなら、それは破壊的であろう。その場合オホナムヂの袋は、傷ついたうさぎにとって癒しの容器にはならず、むしろうさぎを束縛し支配する入れ物になる。神話ではオホナムヂの袋はそのような使い方はされず、両者の中間領域におけるがまの穂の敷きものが、癒しの容器として用いられている。

8　インセスト・タブー

前章において、昔話と神話を用いながらインセスト防止のために、結婚の四者性が有効な役割を果たすことを述べた。このことは本章で検討している、心理療法的な容器の形成にも深く関係するものである。私たちが治療者として患者と関わりを持つ場合、想像力の世界では、治療者の心のなかのもうひとりの自分、患者の心のなかのもうひとりの自分が、内なる二者一組を形成する。同じように想像力を用いる場合でも、例えば遊戯療法で治療者が子どもをいとおしいと感じるとき、インセスト的なものを克服する想像力の用い方では、治療者は自ら子どもをだっこするという形の想像を避けようとする。子どもの痛みを抱えることのできる内なる治療者がだっこしている姿をイメージするだろう。

本章で取り上げた女性について、心理療法面接を数年経過した後の夢について触れておきたい。この頃患者は、自殺念慮を伴う抑うつ状態ばかりでなく、過食嘔吐を症状とする摂食障害もほとんど全く消失している。夢の一部を、次に挙げておこう。

夢9－4

拒食症であり、学校に行けない不登校でもある小学生の女の子とその母親に、私は会っている。女の子は「お母さんはいつも私にきびしい。安心して行ける学校がほしい」と訴える。私は「あなたの心のなかに安心できる学校ができたら、きっと行けるようになるよ」と、彼女に何回も伝える。私がやせてごつごつした骨だらけの女の子を膝の上で抱きしめていると、彼女は便が出そうになっているのがわかる。トイレに一緒に行って女の子が排便したとき、彼女は幼稚園くらいの元気な女の子に変わっている。

この夢に関する連想として患者は、「心のなかに安心できる治療者が持てるようになったら楽になるということは、先生（治療者）が私に言っていること。今までは本当かなと思っていたけれど、私も女の子に同じようなことを話している」と述べた。

面接中にこの夢について聴いたとき、私は患者が傷ついた女の子を膝の上に抱えている姿を想像すると同時に、患者自身が小さな女の子になって、彼女の治療を担当する女性の援助者の膝に抱えられている姿を想像した。

前章で、想像力の活動自体がインセスト的な治療者患者関係を防止すると論じた。この議論は、私たちが行動化する場合、自分の体験を想像力を通して心理化するゆとりが持てないことを考えても、おそらく誤りではないだろう。そして融合的な治療関係に陥らないようにするためには、想像力によって、内なる二者一組あるいは結婚の四者構造を働かせることが必要と考えられる。

私たちが想像力を働かせるのみならず、その想像内容も当然重要であろう。この患者の心理療法では、治療者が想像力を通して切実な体験をすると同時に、四者構造を用いて、できるだけ近親相姦的な想像活動を避けようとする。夢9－4について考えてみよう。治療者も患者も、自分ではなく内なる代理人を用いて想像上の関わりを成立させなければならないだろう。

治療者は夢内容によって刺激されて、傷ついた患者を抱えようとする。しかしもしも治療者が想像上で彼女を膝の上に抱えようとするなら、それが想像の世界であっても、近親相姦的で融合的な作業になるだろう。私は心のなかの代理人である女性の治療者を用いて、患者の内なる代理人である小さな女の子を膝に抱える思いを体験した。こうして治療者が患者との間の心的距離を失い、心理療法的な容器を成立させることができないというような状況から守られる。

ある成人女性患者から面接開始二年後に、「自分が三歳の女の子になって先生（治療者）の手にぶらさがって甘えながら、ふたりで雪解けの道を歩いて行く[11]」という夢を聴いたことがある。患者の想像力の世界では、内なる代理人としての女の子と夢のなかの治療者とが関わりを持っている。患者が現在の彼女としてではなく幼児として治療者と関わることによって、それ以上に近親相姦的になるのを避けている。

ここで、夢9－3について補足しておこう。私は「いなばのうさぎ」の説話を想起して、裸の女の子ががまの穂にくるまることができるとよいとだけ考えた。そのときの面接を今改めて再体験するなら、私の内なる代理人、具体的には幼稚園における女性の先生が、雨にぬれた裸の女の子の体を乾かし衣服を着せるところを想像することができる。がまの穂という容器が癒しの機能を果たすためには、治療者の内なる代理人である女性の先生と、患者の内なる代理人である裸の女の子との関わりが成立することが大切だろう。なお、がまの穂の容器と女性の先生の抱えとはともに必要であり、前者が普遍的な容器、後者が個人的な容器である。

最後に、夢9－3と夢9－4との相違点について触れておこう。後者では癒しのための布置の逆転が生じているが、前者ではそれが成立し得ない。つまり後者では患者が夢のなかで治療者になれたが、前者ではそれができていない。この点に、数年間の心理療法による変化を読み取ることができる。さらに数年後、結婚の四者構造あるいは心理療法的な四者構造が布置し、新たに治療的な進展があった。

第十章　破壊的なもの

　怒りや不安や抑うつなど、何らかの破壊的なものに悩まされるとき、私たちは心理療法を受け、それらから解放されたいと願う。心理療法家は患者の悩みを解消しようと努めるが、ともすれば解消にばかり注意を奪われる。しかし心の癒しは、怒りや不安や抑うつや痛みといった破壊的なものを、避けることなく体験するところからしか生れない。

　人間に、平和を愛する友好的な心のみが存在し、怒りや憎しみなどの破壊性を認めないのは、おそらく現代社会の病理と深く結びついている。高校生の家庭内暴力に耐えかね、金属バットで息子を殺害した父親の裁判で、息子の姉は父の考えを次のように証言した。つまり父親は精神科医の助言に従って、息子のどのような暴力に対しても徹底的に無抵抗でいようとしたというのである。ここには私たちの社会が抱える、偽善と幻想を見ることができる。息子は生前友人に対して、父親にもっと怒ってほしかったと語っていたという。人の心に普遍的にある怒りや破壊性をあたかも存在しないかのように見なしては、社会の進歩も個人の癒しもあり得ない(1)。

1　破壊的なもの

破壊がなければ建設も生じない。心が傷ついた人はその傷つきに向き合う大変さのために、自分が傷ついていることを認めることができない。自らの傷に向き合い、痛みを感じることが可能になって初めて、心の癒しが始まる。人間の心の信頼できる側面ばかりが強調される社会に住む私たちは、そのスローガンの偽善性に個人個人で取り組むことが求められる。心理相談や心理療法が広く迎えられているが、これらのことがひとつの要因だろう。

成人男性の事例に、断片的に触れておきたい。彼の幼児期体験から出発している。男性は六歳で小学校へ入学したが、その年の五月の出来事である。雨降りの日に少年は、学校から数人の仲間と田んぼのなかの道を歩いて、家に帰る途中だった。そこに突然、仲間の一人の親戚に当たる若者が現れ、何かを叫びながら、事例の少年を含む数人を、一メートル余り道路下のぬかるんだ田のなかへ突き落とした。若者は精神病による被害妄想のために、親類の子どもが仲間に迫害されていると確信したのである。事例の少年たちは身体外傷は受けなかったが、雨にぬれた田んぼで学童服や体を泥んこに汚してしまった。そして少年の心に狂気に対するコンプレックスを形成した。

男性は成人した後、数年間にわたる心理分析を受けることになった。面接を通してコンプレックスが解消していくが、分析が相当進んでから見た次の夢は印象に残るものであった。

夢10-1

小学校の登下校時に通った田んぼのなかの道を訪ねた。土堤に草の生えたその道は、小学生当時と少しも変わっていない。しかし雨は降っておらず、道路から田に下りてみると、私が突き落とされて泥んこになったその場所に、美しい黄色の花が咲いているのを発見した。

分析を受けた男性は、狂気の問題を考えるとき、ぬかるんだ田んぼに突き落とされる場面を何度も想起した。しかし彼がもっと深く傷ついていたならば、このような想像力の活動自体が不可能であり、外傷体験を自分の心から切り離して生きていただろう。男性は分析を通してある種の癒しを体験したので、外傷体験は治療者との関係性に支えられて変容し、癒されて建設的なものになったと言える。

事例の男性は、狂気による傷つきを抱えて生きてきて、大人になってから分析を通して癒される。夢10-1から知ることができるように、破壊的なものから建設的なものへの心の変容を見ることができる。分析を受ける前は、狂気による傷つきはこの男性にとって破壊性のみを有しており、人の心に普遍的に内在する狂気を受け入れることができなかった。しかし分析家との関わりによって、両者の間に守られた容器が形成され、そのなかで狂気という破壊的なものを取り扱えるようになった。そこで初めて、狂気による傷つきの癒しが生じたのである。結局破壊的なものを体験しないところでは、治癒もまた存在しない。

2　向き合うこと

心が癒されるためには、心理療法的な容器のなかでさまざまの体験をする必要がある。容器は守りの働きをしなければならないが、守ることは患者に不安や痛みを感じさせないようにすることではない。本章の例で見てきたように、むしろ治療者と患者とが、破壊的なものを含めて、容器のなかで何をどれだけ体験できるかが問われている。

治療者は患者との関係性のもとで、自身の想像力を働かせなければならない。その際に想像内容が破壊的なものであればあるほど、作業は困難であろう。いずれにしても治療者は、患者の心のなかの動きに対応する自分自身の動きを生きる必要がある。

前章で取り上げた、月経時に問題行動を繰り返す事例について考えてみよう。患者は面接開始三か月後に自殺しようとした。それは反社会的行為を自身によるものとして受け入れようとしたときの、困難と苦しみに由来する行動だったと考えられる。治療者は、患者の反社会的行為という破壊性を抱えることに失敗している。

現在の治療者としての私ならば、おそらく次のような作業をおこなうだろう。治療者自身が小学生の頃におこなった例えば柿の実泥棒のことを想起し、そのときの不安や罪の意識に思いを巡らす。このような体験を自分の内なる破壊性として、いかに切実に想像力を通して体験できるかが問われる。こうした作業が、治療者の仕事であり、変容性逆転移である。もちろん治療者が歩む類似の過程は患者のそれと完全に一致するものではなく、同時にそのずれを絶えず敏感に自覚し続けなければならない。

同じ患者に対して、治療者は同じ失敗を繰り返す。治療開始時からわかっていた遠隔地への転勤を、その一か月前になって初めて伝えている。治療者は教育分析を受け、分析家と患者との関係性が治療の進展を、いかに根底のところで支えるものであるかということがわかっていたはずである。しかし当時の治療者は、分析的対人関係が持つ意義に対して鈍感であった。突然の治療関係の切断が患者にどのような破壊的な影響を与えるかということが、治療者自身の出来事として想像できていない。自分が見捨てられたり裏切られたりした経験に対して、それを自身のこととして向き合おうとしてこなかったからだろう。そしておそらく、分析的対人関係を終結するという体験をしていなかった。どのような体験も、それを完結することによって、意義を評価する余裕ができる。この意味で治療面接でもいわゆる教育分析でも、終結に至ることができるか否かということは、決定的な重要性を持っている。

傷つきや破壊的なものに向き合うことは容易なことではない。治療者は治療関係の切断によって、患者にどのような破壊的影響を与えるかということが想像できなかったと述べた。結局このことは、治療者が自らの破壊性に直面していないということである。転勤によって患者に与える破壊的影響は治療者が作り出すものであり、その影響について彼の責任で処理していく作業はしんどいものになる。困難な仕事はできるだけ先送りして、しんどさから逃れたいと考える。治療者自身が破壊的なものを自分の内部のものとして取り扱っていくことは、心理療法という文化にとって基本的な課題である。

現代社会の病理について、このような視点から見ることもできるだろう。人間の心のなかに普遍的に内在する破壊性を、あたかも存在しないかのように見なすことは危険である。現代社会における攻撃性や破壊的心性の否認が、家庭内暴力や教育現場におけるいじめや校内暴力や少年犯罪として、歪んだ形の破壊的現象を生み出している。

3　容器の強制力

心理療法とは、治療的な容器を治療者と患者との間に成立させ、その容器のなかの過程の進行を守っていく作業である。ところで容器を形成し保持するためには、治療者は想像力を、どのように働かせたらよいだろう。

容器のなかでの患者の作業は、しばしばつらく困難なものである。困難やつらさのないところには、心の癒しや成長はあり得ない。破壊的なものを含まない建設作業は存在しないし、争いや戦いが許されないところでは平和は実現しない。そのような場を支配するのは、偽善と心の荒廃だけであろう。治療者は患者に対して、ときに破壊的な体験を強制することがある。臨床例の断片を用いて、この点を考えてみよう。

三十歳代後半の女性の事例である。物心ついてからの両親との関係で傷つきを繰り返してきたので、分析を受けるようになった。分析開始半年後の夢の一部は、次の通りである。

夢10－2

雪が降っている。子どもたちにはぐれたり、雪のなかに靴を片方置き忘れたりして、私はさんざん苦労する。谷底にある駅に着いた。駅で夫は私に対して、「俺はもうお前たちと一緒に帰らない。四、五日泊まっていくから、お前は子どもを連れて帰れ」と言う。料理屋のなかで私は、店の人に邪険にされる。

夫の心の有り様に絶望し、もうだめだと離婚を決意する。どこか暗い駅舎のようなところで、そこにいる汚い男性に身を任せてしまおうとしていた。そのとき、体が普通の大人の一・五倍もある、大きくて不思議なおじさんが現れ、私をどこかへ連れて行ってくれる。

おじさんは人間なんだけれど、何かの拍子に急に大地の一部になってしまう。私は地面にしゃがみ込んで、大地になったおじさんが、生命の誕生や恐竜の時代や森の形成というふうに、宇宙創造の過程をたどるのを見ている。創造過程が進むには、何億年もかかる。

夢に関する連想として、女性は「前半の淋しさと絶望は、おじさんの援助では癒されなかった。

子どもの頃から親に理解されることがなかった。いつも家の近くの空地の丈の高い草原のなかで、長い時間孤独のままに膝を抱えて隠れていたことを思い出した」と述べている。私の想像活動は、「野原で放牧されていた牛が、柵を外して外に出ている。その牛を牧童が柵の内部に追い込み、柵の横棒を渡して閉じる」というものであった。私はまず夢の前半について、荒寥とした雪の風景のなかにいる孤独な女性を心に描いていた。さらに女性は、「おじさんが助けてくれるのはよいけれど、個人としておじさんとの心の関係が持てない。孤独で淋しいなあ。おじさんは急に大地に変身したりするから、困ってしまう」と語る。

次回の面接で治療者は女性に、前回の面接以来彼女がおじさんとの関わりに逃げ込まないように、柵のなかに牛を収容する想像を繰り返していたことを伝えた。これに対して彼女は、次のように涙とともに述べている。「家族が出掛けた日は、絶望から逃げないように、ひとりで布団をかぶって横になっていた。風が窓に当たる音を、難破船に吹きつける嵐のように聴いた。暗闇のなかをひとりで歩いているようです。それでも誰かが聴いてくれている。絶望しているということを、わざわざここに来て話しているわけですから」。

個人の抱える苦悩を、普遍的元型的な枠組みのなかに基礎づけることによって癒すのは、分析心理学の方法である。しかしユングによる普遍的なものの重視は、その後の分析心理学者たちによって、必ずしも適切に受け継がれていないように思われる。つまり普遍的なものを重視することによって、ユニークな個人の生き方が、あるいは個人的体験としての治療者患者関係がおろそかにされる場合がある。人間の心を根底のところで規定する元型的なパターンを仮定すると、その可能性は無数に存在し、どのような形で人生に影響を与えるかということは、個人のあり方や対人関係によって決定されるのである。結局私たちは、心の普遍的な側面と個人的な面とを視野におさめ、両方を取り扱っていかなければならない。

心の癒しを生じるための治療者の態度としては、夢10－2とその連想から考えられるように、個人の今ここでの世界から普遍的元型的な領域に安易に逃げ込まないことが大切である。元型的なものは、個人の今ここでの関係性のもとで初めて、心の癒しを促進する。女性が子ども時代に両親の間で傷つき、それを癒すために草原で膝を抱えて空想の世界に遊んだことも、現在夢のなかで不思議なおじさんによる宇宙創造の過程を見学するのも、普遍的な心のレベルに逃れることである。子どもの頃の想像活動には親とのあいだの対人関係の支えを欠いていたが、夢でも彼女の絶望せざるを得ない心理を、今ここでの治療的対人関係のなかで、充分に取り扱えているとは言えないだろう。

夢10－2から明らかなように、宇宙的なおじさんの領域に逃げないようにすれば、この女性は絶望の世界にとどまらなければならない。しかし彼女は、「絶望しているということを、わざわざここに来て、（分析家に）話している」のである。おそらく絶望の体験を避けては、この女性の心にさらなる癒しが生じることはないだろう。

4　絶望ということ

「病者もまた自ら心の傷を背負う悲しみを体験できるようにならなければ、癒されることはない。……悲しみを悲しむためには、悲しめる場あるいは容器が必要である」[2]と述べたことがある。悲しみという主題について述べたことは、そのまま絶望に関しても当てはまる。しかし絶望は、悲しみよりももっと行き詰まった逃げ場のない状況である。悲しみよりもさらに根源的な体験であろう。

夢10－2について患者から聞いたとき、治療者は寒くて荒寥とした谷底の駅にいる女性を想像するとともに、牧童が牧場の柵から逃れた牛をなかに追い込んで柵を閉じる場面を、繰り返して想像した。私たち治療者はしばしば、患者の体験しているイメージを、できるだけそのままの形で再体験しようと努力する。心理療法家は自らの中立性を保つために、想像力を働かせてはいけないと考えて、独自のイメージを持とうとしてこなかった。患者との人間関係のもとに惹起される治療者の感情やイメージを抑圧したり分裂させたり否認することによってこそ、治療者の中立性は損なわれるのである。

すでに述べたように、私の心のなかには二種類の想像力が働いていた。ひとつは荒寥とした雪の駅舎であり、他方はもっと明るい牧場の光景である。前者は患者の心象風景に近く、後者は治療者本来の想像力の世界に近い。ここでは治療者に複数の心性が作用しており、後者に関する想像は女性の絶望を補償する補償的ファンタジー（逆転移）[3]であるとも言えるだろう。大切なことは患者の絶望に共感するばかりでなく、それに刺激されて生じた補償的な想像活動にも注目し、両者の間のずれを体験することである。このことによって、治療者と患者との中間領域における治療的な容器の形成と、そこでの変容過程とが促進される。

絶望の問題にもどって考えることにしよう。私が牧場の柵の内に牛を追いこむ作業は、雪のない明るい草原であったとはいえ、患者が容器のなかで絶望を体験するという作業から逃げないように、という願いの表現であった。治療者の心のなかで、牧童が牛を柵の内に追い込んで閉じるという想像をおこなうことは、患者に対してばかりでなく自身自らにも絶望の体験を強制する動きだったろう。絶望の体験は錬金術における心の変容段階に当てはめようとすると、第一段階の黒化（ニグレド）に相当する。心理療法過程全体を考える場合、絶望を体験することによってニグレドの状態を通過できれば、過程全体の半分は成し遂げられたと考えてよいだろう。なぜなら、絶望を含む不安や抑うつを抜きにして心理的な体験は不可能だからである。私たちは破壊的なものにとらえられ、そこから逃れられないとき、否応なく心理的な体験を強制される。

現代の分析心理学者シュワルツ－サラントは、境界性人格障害者に対する心理療法経験から、絶望について、次のように述べている。「治療者が境界例患者を治療する上で、おそらく絶望ほど扱いにくい情緒はないだろう。しかし絶望は、魂を呼び出す切り札でもある」[4]。魂を呼び出す切り札というのは、患者にとって絶望を体験することで初めて、魂の領域と真に交流することが可能になるという意味である。

ここで述べてあることは、境界例の治療に限定されることでなく、あらゆる心理療法に当てはまる。心の傷つきが癒されるためには、癒しということの対極にある破壊性や絶望の心性を入れ込んでいかないと作業は進展しない。そして当然、治療者自身が少なくともある程度は、暗闇や絶望を体験できている必要がある。

しかし心理療法において、絶望を含む破壊的なものを体験することは困難で、危険なことでもある。このような危険性を防ぎながら癒しの過程が進展するためには、治療者と患者との中間領域に成立する容器によって守られた状態が保持されなければならない。

心理療法的な容器が生きたものとして機能するために、治療者はどのような役割を果たせばよいだろうか。これまでに、治療者が自らの想像力を用いて、患者を治療的な容器のなかに収容することについて述べた。この点について、さらに検討しておこう。

本章の事例では、治療者は患者との関係性のなかで、「牧童が柵の内へ牛を収容し、柵を閉じる」という想像活動を、繰り返しおこなった。この想像活動において、牧童は治療者のなかの内なる治療者あるいは代理人であり、牛は患者のなかの内なる患者または代理人と見なすことができるだろう。もちろん同時に、牛は治療者のなかの内なる患者と見ることもできる。重要なことは、治療者の心のなかの牧童と牛という二者一組の働きである。牛を柵のなかに収容する、そしてその状態を保持するという作業は両者の、容器における共同作業である。第八章で論じたことであるが、治療者と患者とが関わりを深めつつ、しかも融合的にならないためには、想像上でも、治療者は自身ではなく代理人つまり牧童であり、患者は彼女そのものでなく代理人（この場合には牛）の姿をとることが望ましい。想像上で切実な体験をしながら、同時に自分自身とある程度の距離をとることができて初めて、治療的な容器の形成とそのなかでの心の変容が可能になる。

5　その先にあるもの

ある患者は絶望の状態にあるとき、「ここから先は体験したことがない」と語った。人が絶望を体験することの大変さは、その人が絶望を体験したことがないことから来る。心が深く傷ついた人であればあるほど、絶望的な状況にあっても、その状況に向き合えないために、守りの容器がなければ絶望を体験できないのである。絶望の暗いトンネルの先に、ときに明るい光を望むことができるかもしれないということが信じられない。

治療者の作業として、心の一部で、病者の絶望に対応するそれを体験する必要があるだろう。治療者の絶望は、幼児期以来の病気による苦しい体験や、教育分析を通して感じた暗闇の体験などを通して得られる。彼自身が絶望を通過した過去の経験を生かすことによって、患者が絶望に耐えられる限界を査定する必要がある。しかし抑うつや不安と同様に、絶望についても、心の傷つきが深ければ深いほど、それを心理的に体験することが困難になる。したがって、絶望を心理的に体験できる人には、それが心の癒しにつながる可能性がすでに開かれているとも言えるだろう。

患者が絶望を体験でき、治療者がそれに対応する絶望を生きられるならば、患者の絶望は変容を始める。ここで夢10－2について、補足的に考えておこう。私はこの女性の絶望を、自分自身の出来事として充分生きていない。「牧童が牛を柵の内に追い込む」という想像活動をおこなっているが、このような作業よりも、治療者自身が個人として絶望を体験する作業をまずしなければならないだろう。

夢は何よりも、心理療法的対人関係の反映である。このような視点からすれば、夢の前半で登場する女性の夫、そして後半の体が大きいおじさんも、治療者イメージと関係するものだろう。夫の態度は、女性が絶望を体験する原因ともなっている。おじさんについてはすでに触れたように、「おじさんが助けてくれるのはよいけれど、個人としておじさんとの心の関係が持てない」と訴えた。治療者像としてのおじさんは、普遍的な宇宙の創造過程のなかに彼女を位置づけることによって、一面では危機的状況から免れさせるが、同時に治療者との個人的な治療関係を通して絶望を体験することを、させないように作用する。このことは、治療者が女性の絶望に対応する自身の絶望を体験できなかったことによると考えられる。

この女性は、治療者が個人のこととして絶望を体験できなかったにもかかわらず、「絶望しているということを、わざわざ話しに来る」。こうした作業によって、患者は心理療法の段階を進めた。夢10－2を体験した三週間後には、次の夢を語った。

夢10－3

夫の様子がおかしい。旅先でどうも気の合う女性ができたらしい。髪の長い教養のなさそうな地味な女性で、少し生活に疲れた感じのひと。私はそのひとの悪口を並べたてるが、夫はふんふん聞くものの、心は動かされない様子。女の人の悪口を言うことで、私はますますみじめな気持になる。もうこの人（夫）の心をつかむことはできないのだと悟り、心通わぬまま、空襲の後の廃虚のような石くれだらけの道を、家族で歩いていく。家へ帰るのだろうか。どうなるだろうか。

患者の日常は、夫や子どもたちとの関係に問題があるわけではない。彼女のしんどさは、ある種の抑うつとして感じられている。

夢10－3について、女性は次のように連想を語る。「廃虚を歩いており、寂しい夢だった。夫は私の言うことを聞かない。もう彼をコントロールできない」。登場する女性については、「髪の長い人で、行動的な私とは全く違う。彼女はぱっとしない女性だったけれど、まともなひと。夫は彼女の地味さに引かれている」と言う。

夢を見た女性は職業を持ち、抑うつに苦しみながらも、仕事の上で知的ですぐれた能力を発揮している。ところがそのような患者に対して、新しい自分がすでに生れている。教養の乏しい、地味で生活に疲れた女性である。しかし彼女は患者よりももっと普通のひとであり、みすぼらしいけれど、自然な健康さを備えている。この新しい女性は患者の影であると同時に、彼女がこれまでに生きてきた一面的な生き方を補う存在だろう。

強調しなければならないことは、人の心が絶望の極限に達するとき、そしてそれを心理的に体験するための治療者患者関係による守りが得られるときに、新しい心の動きが始まるということである。本章で補償的ファンタジーということに触れたが、それが治療者にとって絶望から逃れるための手段になってはならない。

夢10－3について話し合った面接では、対人関係の大変さが語られている。そして患者は、「偉いね、よく頑張っているねと言ってもらえると、それが支えになって生きられる」と述べた。治療者は直接、このような言葉を彼女にかけることはしていない。おそらく治療者は、患者の今の姿ばかりでなく、心のなかのもっと普通の女性にも引かれているだろう。夢のなかの夫というのは、治療者のイメージでもあると思われる。必要なことは、治療者は患者に安易に動かされることではなく、彼自身が自分の世界のなかで可能な限り絶望を生き、そしてその結果、患者とともに廃虚のような石くれだらけの道を歩けるようになることである。

6　想像力と元型

心理療法において破壊的なものを取り扱うという経験から、想像力を通して破壊的なものを体験するという技法と、想像力は元型によって支配されているという視点が、きわめて重要であるということを自覚するようになった。

本章で取り上げた夢10−2に刺激されて生じた治療者の想像活動、つまり「牧童が牧場の柵の外へ出た牛を収容して、柵を閉じる」というイメージも、元型的錬金術的な容器の力動と密接に関連がある。すでに触れたように、牧童は内なる治療者であり、牛は内なる患者であろう。治療者がこれから変容しようとする患者の心、つまり牛を錬金術的な容器に収容しようとしている、と理解できる。それと同時に、牧童と牛との二者一組は、共に容器の内にとどまって、変容過程を体験しなければならない、とも言えよう。このような点で、ユングが、錬金術的容器は「内部のものが外へ逃げ出すのを防ぐという目的を持っている」[5]と指摘しているのは、すでに前章で言及したが、実に興味深い。

第四章で取り上げた、患者に対する怒りは、「治療者と患者との間に位置する蛇を男性がナイフで繰り返し切断する」という想像活動を生じることになった。数年前の面接当時私は、内なる私がナイフによって蛇を切断している場面を想像していた。しかし現在同じ面接場面を再体験すると、患者と私との中間の領域で、巨大化した蛇を原初的な男性が剣を用いて切断している場面を想像することもできる。これはまさに出雲神話における、スサノヲによるヲロチ退治の説話そのものになる。

このような想像内容の変化は、私が実際に経験した面接から時間が経過したために、体験が色褪せたことによる影響があるかもしれない。しかし主な要因は、治療者の私が患者との融合的関係を相当克服し、分化の作業を、内なる治療者としてのスサノヲと内なる患者としてのヲロチとの二者関係として、代理人を用いて想像力の体験ができるようになったことにあるのかもしれない。

繰り返しになるが、治療者と患者とはあくまでも個人として、面接室のなかで向き合っている（実際の面接場面では、患者が内なる患者と向き合って対話するという作業を促進するために、私は患者の座っているソファーに対して横から向き合う形をとっている）。しかし両者を根底のところで支えているのは、深層の元型的なものである。私たち治療者が個人として、個人としての患者に対すると同時に、治療の場を支配する元型的な二人一組に対して、主体的に心を開くことができる、つまり元型的な想像活動をおこなうことができるなら、自らの限界の範囲内で、有効な心理療法的援助が可能になるだろう。

第十一章　現実を夢として聴く

ここまで昔話や夢や想像活動を材料にして、心理療法による癒しとは何か、癒しの過程はどうすれば促進可能か、ということを考えてきた。たしかに、想像力の働きを通して無意識内容を知ることは大切である。

経験的に、日常の現実と想像力の世界をつなぐことによって癒しが生じることがわかっている。精神力動的な立場から心理療法をおこなっていると、無意識について情報を得ようとして、夢や連想や箱庭や描画というような無意識材料を過度に重要視する場合がある。私たちは通常、夢や箱庭というような想像活動を通して、患者の心を理解しようとする。

他方、このような無意識に由来する分析材料を用いないで、日常の言葉による面接を通して、患者の心のなかの世界を理解することも大切だろう。日常の言葉には、日常そのものの現実ばかりでなく、同時に想像活動を伴っている。分析材料が日常の言葉であれ夢であれ、面接を通して現実と想像活動というふたつのメッセージをどうとらえるかということは、私たちの大きな課題である。

1　夢と現実

日常の現実に生きる限り、現実に足場を持つことが、あらゆる活動の前提になる。個人がどのような日常生活を送り、何を感じどう考えるかを知ることが、心の深層を重要視する心理療法においても、人を理解するために欠くことができない。このことをふまえて、夢と現実との関連性について検討することにしよう。

ユングは一九三六年、子どもの夢に関するセミナーの冒頭で、夢の心理学的特性について、四項目を挙げている。それらを要約すれば、次のようになるだろう。(1)

(1) 夢には、それを見たときの意識的状況を補償するものがある。
(2) 夢には、意識と無意識との間に生じた葛藤状況を表すものがある。
(3) 夢には、意識的態度を変容させる方向性を示すものがある。
(4) 夢には、意識状況と関係の見えてこないものがある。それは、大きな夢、あるいは神から贈られた夢とか呼ばれるものである。

これらの要約からわかるようにユングは、意識と無意識との関係のあり方によって、夢を分類している。こうした視点で夢をとらえるのは、妥当であろう。ある種の無意識内容が意識の領域に浮かび上がり、それが言葉で表現されたものが夢である。夢は意識と無意識とをつなぐ働きをする。心の危機が意識と無意識との間の、あるいは心全体の、乖離や分裂によって生じるとすれば、分裂した断片をつなぐ可能性のある夢を取り扱うことは、心理療法的な癒しに関係してくる。

ユングが分類した四項目をさらにまとめると、夢を意識と無意識との関係性の表現としてとらえられる。さらにユングは、意識の関与が認められない一群の夢が存在することを強調している。しかし夢を心理療法的に扱う場合には、体験する主体である私たち個人の意識的状況と関連づける努力がなされなければならない。

夢を心理療法面接で道具として用いるためには、無意識と意識との領域とをつなげる目的で、その夢に関する連想を聴くことが不可欠の作業である。夢内容に関する連想は、想像力によっておこなわれるが、これを通して夢が再体験され、意識領域が内界とつながったものとなる。

ユングによる夢理論には、心理療法的対人関係の視点が欠けているように見える。彼は、客体水準および主体水準の夢解釈ということを述べている。夢のなかの登場人物が夢を見た人の身近な人であれば、夢は現実のその人物との対人関係を表す。未知の人物など身近でない人ならば、夢の人物は夢見者の内なる他者ということになる。前者が客体水準、後者が主体水準の夢解釈である。しかしユングは、心理療法中の夢を治療的対人関係、つまり治療者患者関係の反映であるとは述べていない。

興味深いのは、主体水準の夢解釈である。ユングは、「フロイトの夢解釈は、ほとんど全く客体水準でおこなわれている」[2]と指摘しているが、的を射ている。この点からも主体水準の夢解釈こそ、ユングに特徴的な方法と言うことができるだろう。つまり夢に登場する人物を内なる対象と見る態度である。そしてさらに未知の人のみを主体水準でとらえるのではなく、最も身近な家族でも内なる家族と考えれば、あらゆる場合に大なり小なり主体水準の解釈が可能になる。

夢に登場する人物をどうとらえるかというだけでなく、夢全体を心理療法的な対人関係、つまり治療者患者関係の表現と考える視点を欠くことができない。心理療法面接では、夢を両者の関係性の表現として見ていく必要がある。

2　関係性の表現

治療者が患者と交わす会話は、たとえ日常の現実に関するものであっても、しばしば両者の関係性によって支配されている。夢や連想や箱庭を介さない対話がいかに大切かということについては、後に検討することにする。ここでは夢が対人関係の表現であるということについて、これまで取り上げてきたいくつかの夢を振り返って考えてみよう。

第一章で触れた夢1－1と夢1－2については、それぞれが治療者患者関係を反映している。前の夢は、治療者が患者の回復可能性を感じるという内容である。後の夢は、治療者が車椅子の生活から自力歩行を開始することによって、患者と類似の回復過程をたどっている。これは治療者自身の臨床家としての自立の歩みを表現するものであるが、治療者の逆転移（変容性逆転移）を示すものでもある。

夢２−１では、まさに直接的に治療者患者関係が語られている。第二章で述べたように、治療者が治療者元型ばかりでなく病者元型にも心を開くことができたので、病気と癒しという対極的なものの布置が逆転し、患者の慢性蕁麻疹は治癒するに至ったのである。このような点から、夢は今ここでの治療者患者関係の表現であると同時に、内なる治療者患者関係の表現でもある。このことは夢１−１と１−２で示されたように、患者の夢ばかりでなく治療者の夢についても言える。

内なる治療者患者関係は、現実の治療者患者関係と必ずしも一致するものではない。しかし両者は連動している。夢２−１を見た患者の場合、治療者が彼女の病気を自分の病気としてある程度体験できるようになるとともに、つまり治療者が患者になれたので、布置が逆転して患者が治療者になることができた。

夢３−１についても、夢を治療者と病者との関係性を表現するものととらえることができる。もう一歩進めると、夢が治療者患者関係を媒介するといってもよいだろう。この夢では、内なる治療者に相当すると考えられる夢のなかの農夫から、患者は畝《うね》の作り方を教わり、世界樹の種子に似た種を播く。心理療法が一面では、治療者と病者との共同作業であることを示している。

治療者患者関係を表現し、さらにその関係性を媒介するのは、夢の体験に限らない。遊戯療法や箱庭療法でも同じことである。箱庭作品である、【箱庭3－1】について考えてみよう。ロケット発射基地の近所に住んでいる男性が、昼寝中に夢を見て、夢のなかで宇宙旅行をすることになっている。昼寝をしている男性は、分裂病と診断された患者そのものであろう。この場合の両者の関係性は、治療者が病者の直接の同行者として、宇宙の旅をおこなうというものではない。治療者が患者の旅と併行して、自らの心のなかで宇宙の旅を遂行しただろう。治療者は大学時代から、自身の夢を記録してそれについて考えるという努力を継続した。治療者の心の一部が患者の心の変容過程と併行して変容していくような両者の関係性を、本書では変容性逆転移と呼んでいる。

分析心理学でも精神分析でも、治療者と患者との関係性は転移逆転移という言葉で語られる。転移逆転移関係について、夢4－1とその事例を取り上げ、ここで検討しておきたい。患者が体験する怒りの感情が、中心的な主題となっている。治療者が患者の電話による訴えに料金を請求したとき、彼女は治療者に自分を見捨てる親の姿を見ることになったために、治療者への激しい怒りを表現し、面接を中断した。しかしこの怒りは行動化されたもので、患者自身の心理的な体験になっていなかった。

このとき治療者は激しい怒りを体験し、患者との中間領域に、ヲロチを切断している原始的な男性（スサノヲ）の姿を想像した。想像内容については、面接時には、内なる治療者が患者を表すと考えられる蛇をナイフで切断していると感じられた。しかし本書執筆時には、イメージは結局、英雄スサノヲが巨大なヲロチを剣を用いて退治しているという想像を小型化し、個人的な体験としたものだということがわかった。治療者である私はあくまで個人として怒りを体験し、それは個人のレベルでは、もう一人の自分が日常目にする蛇を切断するイメージとして表現される。しかし同時に、逆転移として普遍的な力動を持っており、私個人を窓口として、原初的な英雄が巨大化したヲロチを切断するという想像活動に基礎づけられていた。二つのイメージが共存していたと言えるだろう。

本書の逆転移論は、第二章で取り上げられたラッカー(3)とは異なる視点に立つ。ここでは、患者の心の動きに対応する治療者の心の動きを、広く逆転移としてとらえたい。本来の、あるいは神経症的という、逆転移分類の二種類は明瞭に分けられるものではない。治療者が患者との間に心理的な関係を持とうとしたとき感じる違和感はある種のずれとして体験されるが、これを非調和的逆転移と呼ぶことにしよう。このなかには、ラッカーの補足型逆転移が含まれるが、それのみではない。つまり治療者は、患者の内的対象に同一化してもしなくても、どこかにずれを感じるはずである。

治療者が患者と調和的な体験をしていると感じるときには、そこに調和的逆転移が生じていると考える。調和的逆転移は、治療者の共有的な想像活動と補償的な想像活動によって成立する。治療者が現在布置している病者の体験を共有する場合、共有的想像力が働き、未だ布置せざる可能性としての病者の心理を体験するとき、補償的想像力が機能する。本書の視点は、未だ布置せざる心理を治療者が体験することを重視するなど、ラッカーよりも深層に置かれている。縦断的に見た場合、調和的逆転移と非調和的逆転移とが働いて、治療者が患者と併行する過程を歩むとき、変容性逆転移と称することができる。

3　共有的想像力と補償的想像力

夢4－1を報告した事例では、患者が治療者に対して見捨てる親を投影して怒りを向けたとき、この怒りは心理的な体験になっていなかった。彼女は両親とも治療者とも融合的な関係にあり、心理的な怒りを充分に体験することはできなかったのである。面接中断という形で現れた怒りは、行動化されたものであった。

治療者はこのとき、操作的な患者の態度に激しい怒りを感じる。本書の視点を用いるなら、私は補償的想像力（逆転移）によって、患者の未だ布置せざる心理的な怒りを体験した。治療者の怒りは操作的な患者に対するものであるばかりでなく、操作的支配的で彼女と融合的関係にある両親に対するものでもあった。ラッカーの融和型逆転移は自我に力点が置かれているが、補償的逆転移を含む調和的逆転移は、より深層に視点があると言えるだろう。

他方では、患者に行動化された怒りを向けられた治療者は、彼女に怒りを感じ想像上でそれを体験するばかりでなく、怒りを受けとめて傷つく。患者自身はあまりに深く傷ついているために、その傷つきを分裂させており、傷つきを心理的に体験することができない。治療者はもう一人の自分を用いて想像上で蛇を切断するとともに、深層のスサノヲがヲロチを切断する姿を描くことによって、親に対して怒りを体験できない患者の心と、親に見捨てられても充分に傷つきを体験できない娘の心を、共有しつつ補償しようとした。前者は共有的想像力（逆転移）であり、後者が補償的想像力（逆転移）である。

傷つきを体験する治療者と、怒りを体験する治療者とは同時に存在し、そこには心の複数性が仮定されている。病者が重症になればなるほど、治療者は複数の心を同時的に働かせる必要がでてくる。(4)

患者に対する治療者の想像活動がどのような影響を及ぼしたかということについては、夢4-1を通して知ることができる。夢の前半では、患者は女店員や母親の支配的干渉的態度に苦しみ、怒りを彼女らに向けた。治療者が共有的かつ補償的に、患者の傷つきと怒りを自分のこととして想像力を用いて体験したことが、彼女がそれらを心理的に体験することを促進したと考えられる。夢の後半では、患者に傷つきと怒りが布置することによって、心の分化が達成されたことがわかる。

4　関わりを避ける手段

人は日常と非日常、外界と内界、あるいは意識と無意識との、両者をともに生きている。本書で検討してきた心の癒しは、私たちの心が動きさまざまな働きをするという、心理力動的な視点からのものである。フロイトやユングによる心の研究の出発点は、人の心を理解する目的で、無意識の領域を探究することであった。現代の心理療法でも、患者の心理を理解するために、連想や夢や遊びや箱庭を用いて無意識内容を意識化することが、治療者の作業のひとつとなっている。

無意識の探究に力点が置かれる場合、現在病者が何を悩み何に苦しんでいるかということに目を向けることが、おろそかにされることがある。分析心理学による面接では、分析材料として前回から今回までに見た夢を記録して持ってくることが求められることが多い。そのために、夢を持参することを宿題のように感じてしまう。たしかに夢は、治療者と患者との人間関係を媒介する。しかし夢がこのような媒介機能を果たすためには、意識の領域での治療者と患者との心理的な関わりが確保されていなければならない。

夢も遊びも箱庭表現も、患者と治療者とが日常の現実に根を下ろし、面接室内での切実で現実的な心的交流がなければ、患者の体験は空想の産物になり、日常を豊かにするための材料として体験を利用することはできない。

ある三十歳代の女性は、子どもの頃から両親に受け入れられていないと感じ続けてきた人であるが、面接開始七か月後に、次のように述べている。そのとき、彼女の家族が重病の状態にあり、このことが面接の中心的な主題となっていた。

言葉11－1

夢を見ていろんなことを考えるのは、ひとつの遊びです。面接中に夢について話すのは息抜きにはなるけれど、私にとってあまり創造的なことではない。私は今、夢のような現実を生きていきます。だから私にとって、日常の現実について話すことが大切です。

夢分析における夢は、取り扱い方によっては、この患者の指摘通りの意味しか持たないだろう。夢を語ることや遊戯療法のプレイが、患者を理解し治療者との間を媒介する手段ではなく、目的自体になってはならない。面接中に夢を語ることが、現実に直面することを避ける方法、つまり抵抗として働くことがある。実際たくさんの夢を見続けるけれども、日常の課題や困難は解消されず、患者の心の変容は生じないことがある。

五十歳代男性の事例について、その断片に触れておこう。米国人であるが、幼児期から不安が強く、高校生の頃から神経症としてさまざまの治療を受けてきた。大学卒後米国で役所勤めを経験したが長続きせず、来日し語学学校教師として働いていた。滞日してほぼ四半世紀になる。米国にいる老いた父親からの仕送りにたよって生活し、心理療法を受けている。不安や強迫などの神経症症状は軽快したが、誇大的な態度など自己愛に関する問題を抱えており、親からの経済的および精神的な自立が依然として困難である。

この事例で避けて通ることのできない問題は、父親との依存と自立をめぐる葛藤である。面接のなかでは自分の価値を認めようとしなかった父に対する怒りを表現し、夢でも父からの自立が主題となっているにもかかわらず、彼自身は働かず、父親からの仕送りで分析を受けている。すでに述べたように、患者が日常の現実状況に根を下ろしていなければ、つまり治療者との間に現実的な関わりと、非日常における関係と、二つの関係性が併行して存在しない場合には、心の癒しは生じない。この患者にとって老親への依存が期待できなくなるまでに、自立に向けて心理的現実的な準備をすることが課題になっている。

5　現実を夢として聴く

日常の世界と非日常、つまり現実的な話題と夢内容というように、私たちは相反する二つの領域を同時に生きている。技法としても、日常的な対話によるカウンセリングと、夢や自由連想や遊戯や箱庭など無意識に由来する素材を介した心理療法と、異なるレベルの面接が考えられる。仮に前者のような関わりをおこなう治療者をカウンセラーと呼び、後者の場合を心理療法家と名づけるなら、後の方がより深い治療ができると思ってしまう。しかしこれは、必ずしも当たっていない。

本書で述べてきた面接の視点について補足しながら、さらに検討しておこう。日常と非日常とは、心理療法的に同等の価値がある。私たちは心理療法をおこなう場合にも、心理療法家であるとともに、カウンセラーでなければならない。夢や想像活動など無意識に由来する素材を、意識領域の事象と対応させて考えていくことが大切である。無意識内容について聴くとき、内容を検討すること自体が目的ではなく、それが意識のあり方を修正するための手段だということを忘れてはならない。

他方言葉11－1にあるように、夢のような現実を生きている患者に対して、日常の現実を現実としてばかりでなく、夢として傾聴する必要がある。危機的な状況にあるときには、現実は現実であるばかりでなく、非現実の様相をも帯びる。事実は小説よりも奇なり、である。このような場合には、日常の現実が患者の無意識領域をも巻き込んだ動きをするので、現実の出来事がシンボルとして超越機能を持つのである。

ここで例として、「わらしべ長者」という民話のあらすじに触れておこう。

わらしべ長者

親孝行な子が病気の親を看病し、死ぬときに藁一本をもらう。子どもは味噌つきをしている家に行き、蓋をくくるのに藁をやり味噌をもらう。お茶を飲んでいる鍛冶屋に味噌をやり小刀をもらう。干瀬でふかに襲われ小刀で戦う。大和船の船頭がそれを見て子どもから小刀をもらい、てんま船いっぱいの米をやる。この米を食べて子は育つ。[5]（鹿児島市）

この民話に登場する子どもにとって、藁一本もらうのも、味噌をもらうのも、小刀をもらってふかと戦うのも、米をもらって成長するのも、すべてが日常の現実である。特に重要なのは、子どもにとって親が死ぬという危機的な状況での現実だということである。危機による緊張感を欠く場合には、現実が隠喩として象徴機能を持つことはない。こうした場合、藁や味噌や小刀や米が現実であると同時に、シンボルとなる。

「わらしべ長者」における藁や小刀など、物語中の「もの」が持つ象徴的な意味については、ここで深入りしない。しかしわが国の各地で語られている物語に共通するものは、子どもによる親からの分化と自立だと考えてよいだろう。この民話は、『今昔物語』巻第十六・長谷に参る男観音の助けに依りて富を得る話第二十八(6)と基本的には変わらない。危機と癒しの視点から見れば、物語中の物々交換自体には大きな意味はない。藁や小刀が現実であるばかりでなくシンボルとしての役割を果たすとき、そして主人公が現実とシンボルの両方を真剣に生き抜くとき、彼はしばしば分化と自立の達成を期待できる。ここに登場するような「もの」に対して、主人公が現実的そして象徴的に切実な体験をしないなら、分化も自立も生み出さないだろう。

心理療法をおこなう場合、夢や箱庭などの無意識に由来する素材から、患者の意識領域における心の動きを知るばかりでなく、日常的な対話から無意識領域の心の動きを読み取る必要がある。治療者は患者が日常の現実を関わりの窓口とするか、無意識素材をその手段とするかという点について、選択の自由を確保できなければならない。このような自由の確保は、心理療法的な容器の形成とそのなかでの癒しの進展に、密接に関係している。

言葉11－1を語った患者について考えてみよう。彼女は職業を持ちながら、病気の親を自宅で世話することを通して、親との関係の問題に現実的および心理的に取り組んでいた。このような場合、「忙しくて夢を見る暇がない」という言葉に納得できる。夢のような現実を生きているので、現実を語ることはすなわち夢を語ることになる。分析の素材としての夢は必ずしも必要でない。そうした場合、患者が夢を語らないことを、抵抗として理解してはならない。

事例の女性は言葉11－1を述べた回の面接の終わりの部分で、次のような短い夢を語っている。分析心理学では通常記録された夢を分析素材として用いるが、この夢は記録なしで語られており、その面接の日の朝のものである。

夢11－1

内戦による難民キャンプのようなところに、私はいる。そこはがさがさして落ち着かないところ。私はここで赤ん坊を生んだ。女の赤ちゃんのようだった。私は一人で哺乳びんを洗っていた。

これは、親の死が間近に迫っていたときの夢である。患者が切実な現実を生きそして語ることを通して、親との関係性に取り組んだことが、新しい自分の誕生につながったと考えられる。内戦による難民キャンプというのは、彼女の内的現実であると同時に、外的現実でもあった。この女性は、親の死を現実的に体験するばかりでなく、内的心理的にも体験しようとしている。親の死と新しい自分の誕生は同時的に起こったと言えるだろう。親の死を主体的に体験することが、彼女の新しい自身の誕生につながったのである。

日常の言葉を介した面接場面で、その言葉を病者の現実を知るためだけでなく、それをシンボルとして聴くことはきわめて重要であろう。

6　癒しとは何か

本書全体のまとめとして、心理療法家の立場から、癒しとは何かということを考えておこう。これまで述べてきたことを、再確認する作業でもある。

(1)　心の癒しは、過去に傷ついた出来事を、癒しの体験として経験し直すことによって達成される。

過去の傷つきは、第十章第一節で触れたように、外傷体験や親子関係の傷つきが、治療者患者関係を通して再体験されることによって癒される。歴史的客観的な事実としては、患者は傷ついているが、その傷つきを心理的に体験できていない。治療者患者関係の支えを得て、両者の中間領域における容器のなかで、傷つき癒される過程を体験する。これが再体験のプロセスである。留意しなければならないことは、治療関係の支えや守りは治療者が患者に積極的に親切にしたり、守ろうとすることではないということである。治療者が、患者が体験してきた破壊的な親とは異なる良い親に同一化することによって、過去の親子関係を修正させようとすることでもない。結局治療者自身が患者との関係性のもとで、患者の心の動きに併行して自身の傷つきとその癒しを体験していくことが、患者の再体験過程を促進するだろう。

(2) 心の傷つきが癒されるためには、傷ついた自分を心理化しなければならない。

患者は自身の傷つきを心理的に体験できていない、と述べた。このこととの関連でわが国の民話「手なし娘」[7]に触れておこう。手なし娘は、背中に負っていた自分の子どもが流れのなかにずり落ちそうになったとき、思わず無い手で子どもを抱きとめようとした。その瞬間に、娘の両手は生えたのである。

手なし娘は、自らの心のなかの傷ついた子どもと、正面から向き合おうとした。このことによって、傷ついた自分を心理化することができ、その結果切断された両手が癒されたと考えられる。

(3) 病者はしばしば、超越的な存在と心理的に関わることを通して癒される。

心の癒しの一側面として、内なる超越者との関わりが挙げられる。第一章で取り上げた民話「味噌買い橋」では、貧しさという危機的状況が、夢のなかの超越者との関わりを通して癒される。しかし興味深いことに、夢のなかの超越者の指示を逐語的に受け取る長吉単独では、松の木の根元の財宝が獲得できなかった。超越者に対して何の疑いも抱かず完全にそれを受容する態度と、財宝の存在を疑うことのできる、豆腐屋の主人のような批判力とが両方なければならない。このように超越的な世界と日常の領域の両者に心を開くことができて初めて、超越者と心理的に関係することが可能になり、心の癒しが期待できる。

(4) 心の傷つきは、病者が内なる同行者を得ることによって癒される。

仏教関係の用語に同行《どうぎょう》という言葉がある。一緒に行く人の意から、志を同じくして仏法を信受奉行する仲間を意味するようになる。単独では難しくても、同志が互いに励ましあえば行じうる。また四国八十八箇所の巡礼者が、たとえ一人で巡拝する場合でも、いつも弘法大師が同道するという意味で、笠などに同行二人《ににん》と書くのを例としたという[8]。

心理療法による心の癒しは、治療的な対人関係によって生じる。この場合の対人関係は同行二人的な関係性によって支えられる。治療者は心の一部を用いて、自らの内なる患者の同行者となる。それによって初めて、患者の心に、内なる傷ついた自分と超越者との関わりが布置する。

病者はしばしば、内なる超越者を治療者に投影する。治療者は投影された超越者像と自身とを同一視してはならないが、投影を拒否すれば心理療法は進まない。治療者は投影を押しつけられた自分と、普通の人としての自身とを、ともに生きることを求められる。私たちは病者の心の癒しを援助する者として、想像力を用いることにより、さまざまの自分を同時に生きる必要がある。

【引用文献】

第一章

（1）関敬吾『日本昔話大成』第三巻　二四六～二四七頁　角川書店　一九七八年
（2）同書　二四九頁
（3）同書　二四七～二四八頁
（4）同書　二四八～二四九頁
（5）織田尚生「ＲＥＭ期覚醒法による精神分裂病者の夢に関する研究」『精神神経学雑誌』第七五巻　一〇三七～一〇六〇頁　一九七三年
（6）同論文
（7）Jung, C. G. (1921), "*Psychologische Typen, C. G. Jung Gesammelte Werke Sechster Band,* (*GW6*)［以後同様に略記］" SS. 514-515, Walter-Verlag, 1971.
（8）*ibid.*, S. 508.
（9）S・フロイト『夢判断』上巻（高橋義孝・菊盛英夫訳）一五九～一九四頁　日本教文社　一九六六年
（10）同書　一九五～三三〇頁
（11）Jung, C. G. (1928), 'Allgemeine Gesichtspunkte zur Psychologie des Traumes,' "*Die Dynamik des Unbewußten, GW8,* "S. 272, Walter-Verlag, 1971.
（12）*ibid.*, SS. 270-271.
（13）*ibid.*, SS, 295-296.
（14）*ibid.*, SS. 259-260.
（15）Jung, C. G. (1952), 'Synchronizitat als ein Prinzip akausaler Zusammenhange,' "*Die Dynamik des Unbewußten, GW8,* " S. 481, Walter-Verlag, 1971.

（16） *ibid.*, S. 480.

（17） 織田尚生『深層心理の世界』 一六一頁 第三文明社 一九九二年

（18） 織田尚生『昔話と夢分析——自分を生きる女性たち』 二六一～二六五頁 創元社 一九九三年

（19） 清家雅代・織田尚生「箱庭療法によって幻聴体験の消失した一例」『季刊精神療法』第八巻 二六八～二七七頁 一九八二年

第二章

（1） A・H・アファナーシェフ『ロシア民話集』下巻（中村喜和編訳） 二一八～二二四頁 岩波書店 一九八七年。訳語を一部変更の上で要約した。

（2） Jung, C. G. (1940), 'Zur Psychologie des Kindarchetypus,' "*Die Archetypen und das kollektive Unbewußten, GW9I,*" S. 184, Walter-Verlag, 1976.

（3） Jung, C. G. (1929), 'Die Probleme der modernen Psychotherapie' "*Praxis der Psychotherapie, Beitrige Problem der Psychotherapie und zur Psychologie der Ubertragung, GW16,*" S. 82, Walter-Verlag, 1971.

（4） Jung, C. G. (1921), "*Psychologische Typen, GW6,*" S. 459, Walter-Verlag, 1971.

（5） グリム『完訳グリム童話——子どもと家庭のメルヒェン集1』（小澤俊夫訳） 二八五～二九〇頁 ぎょうせい 一九八五年

（6） H・ラッカー『転移と逆転移』（坂口信貴訳） 一八〇～二四六頁 岩崎学術出版社 一九八八年

（7） 織田尚生「個別理論——分析心理学」『臨床心理学1 原理・理論』（河合隼雄監修・山中康裕・森野礼一・村山正治編） 一二二～一三〇頁 創元社 一九九五年

（8） Oda, T., 'Dreams as Signals of Therapist-Patient Common Experiences through Renewal:In the course of psychotherapeutic approach to two schizophrenics.' *Konan University Clinical Psychology Reports*, Vol. 1, pp. 1-17, 1992.

第三章

（1）Jung, C. G. (1944), *"Psychologie und Alchemie, GW12,"* SS. 203-205, Walter-Verlag, 1972.
（2）村武精一「宇宙論」『文化人類学事典』（石川栄吉・梅棹忠夫・大林太良・蒲生正男・佐々木高明・祖父江孝男編）九一頁　弘文堂　一九八七年
（3）M・エリアーデ（一九六八）『宗教学概論』第一・二・三巻（久米博訳）せりか書房　一九七四年
（4）M・エリアーデ（一九六四）『シャーマニズム』（堀一郎訳）冬樹社　一九七四年
（5）特集＝伊勢神宮『太陽』第三八八号　平凡社　一九九三年
（6）織田尚生『王権の心理学――ユング心理学と日本神話』第三文明社　一九九〇年
（7）白井静子『描画を通してみた子どもの発達――渦巻きと太陽』放送大学卒業研究　一九九二年
（8）田中信市・織田尚生「分析心理学による事例研究」
（9）大林太良・伊藤清司・吉田敦彦・松村一男編『世界神話事典』四二一～四二三頁　角川書店　一九九四年
（10）前掲書『シャーマニズム』三三五～三七二頁
（11）林恵子・織田尚生「ファンタジー、コスモロジー、体験の共有」『箱庭療法学研究』第二巻第一号　五二～六七頁　一九八九年
（12）織田尚生『昔話と夢分析――自分を生きる女性たち』二〇五～二二四頁　創元社　一九九三年
（13）『新共同訳聖書』一頁　日本聖書協会　一九八七年

第四章

（1）関敬吾編『日本昔話大成』第二巻　四五～四七頁　角川書店　一九七八年
（2）メラニー・クライン「分裂的機制についての覚書」『妄想的・分裂的世界』（狩野力八郎・渡辺明子・相田信男他訳）一一～一三頁　誠信書房　一九八五年

（3）『完訳グリム童話集』1（金田鬼一訳） 一七～二七頁 岩波書店 一九八一年
（4）織田尚生『昔話と夢分析――自分を生きる女性たち』 九一～九五頁 創元社 一九九三年
（5）織田尚生「箱庭・イメージ・治療者患者関係」『季刊精神療法』 第一七巻 二七～三四頁 一九九一年
（6）Lambert, K. (1972), 'Transference / counter-transference: talion law and gratitude,' *"Technique in Jungian Analysis,"* Vol. 2, pp. 303-327, Heineman, 1974.
（7）Oda, T., 'Rage and Psychic Transformation' (in M. A. Mattoon, Ed.), *"Open Questions in Analytical Psychology: Proceedings of the thirteenth international congress for analytical psychology Zurich 1995,"* pp. 587-597, Einsiedeln: Daimon Verlag, 1997.
（8）前掲書『昔話と夢分析――自分を生きる女性たち』 第一〇・一一章
（9）岡本智子「プレイセラピーにおける受容の限界と攻撃性の変容」『心理臨床学研究』 第一四巻 一七三～一八四頁 一九九六年
（10）Jung, C. G. (1934), 'Über die Archetypen des kollektiven Unbewußten,' *"Die Archetypen und daskollektive Unbewußte, GW9I,"* S. 47, Walter-Verlag, 1976.

第五章

（1）Marjaschs, S. 私は一九八二年から八三年にかけて、本事例について彼女からスーパーヴィジョンを受けた。
（2）『完訳グリム童話集』1（金田鬼一訳） 二六二～二六七頁 岩波書店 一九八一年
（3）田多香代子「手のない人を描いた神経性食思不振症者の治療例――「手なし娘」から「七羽のカラス」までの歩み」『心理臨床ケース研究6』 二〇三～二一九頁 誠信書房 一九八八年
（4）織田尚生「やせ症における両性性と身体の覚醒」『心理臨床ケース研究6』 二二〇～二二五頁 誠信書房 一九八八年

（5）須藤健一「瘢痕文身」『文化人類学事典』（石川栄吉・梅棹忠夫・大林太良・蒲生正男・佐々木高明・祖父江孝男編） 六一八～六一九頁 弘文堂 一九八七年。私が一九九四年TV番組で視聴したコロゴ村における成人儀礼の様子によって、須藤の記述を補足してある。

（6）同項目

（7）M・エリアーデ『生と再生――イニシエーションの宗教的意義』（堀一郎訳） 三五～四三頁 東京大学出版会 一九七一年

（8）宇野公一郎「身体変工」『文化人類学事典』 前掲書 三八四頁

（9）Federn, P. (1953), "*Ego Psychology and the Psychoses*," pp. 25-37, Maresfield Reprints, 1977.

（10）P・シルダー（一九二三）『身体図式――自己身体意識の学説への寄与』（北條敬訳） 金剛出版 一九八三年

（11）織田尚生『昔話と夢分析――自分を生きる女性たち』 一〇四～一一一頁 創元社 一九九三年

（12）同書 二〇七～二一一頁

第六章

（1）D・W・ウィニコット『遊ぶことと現実』（橋本雅雄訳） 一～三五頁 岩崎学術出版社 一九七九年

（2）Jung, C. G. (1944), "*Psychologie und Alchemie, GW12*," SS. 322-323, Walter-Verlag, 1972.（池田紘一・鎌田道生訳『心理学と錬金術』Ⅱ 七〇～七一頁 人文書院）文章は、池田・鎌田訳の訳語を一部変更して引用した。

（3）Schwartz-Salant, N., "*The Borderline Personality, Vision and healing*," pp. 131-158, Chiron Publications 1989.（織田尚生監訳・田中信市・曾根維石・木村ゆかり・織田法子・鈴木貞子訳）『境界例と想像力――現代分析心理学の技法』 一七八～二一四頁 金剛出版 一九九七年）

（4）Jung, C. G. (1950), "*Die Archetypen und das kollektive Unbewußte, GW9I*," S. 383, Walter-Verlag, 1976.

（5）　織田尚生「ユングの夢と分析心理学」『夢の分析』（妙木浩之編）三九～四九頁　至文堂　一九九七年
（6）　Neumann, E. (1963), "*The Child, Structure and Dynamics of the Nascent Personality,*" (Manheim,R.trans.) p. 39, Harper & Row, 1976,
（7）　Jung, C. G. (1944), "*Psychologie und Alchemie, GW12,*" S. 129, Walter-Verlag, 1972.
（8）　織田尚生『昔話と夢分析――自分を生きる女性たち』二六一～二六五頁　創元社　一九九三年
（9）　鈴村真理「分裂病者の破壊と修復をめぐって――三年間の心理療法過程から」『日本心理臨床学会第十三回大会発表論文集』三〇〇～三〇一頁　一九九四年

第七章

（1）　Jung, C. G. (1936), 'Psychological Factors Determining Human Behaviour,' "*The Structure and Dynamics of the Psyche, The Collected Works of C. G. Jung Volume 8,*" p. 115, Princeton University Press, 1975,
（2）　Hillman, J. (1969), "*The Myth of Analysis, Three essays in archetypal psychology,*" p. 35, Harper & Row, 1972.
（3）　Hillman, J. (1975), "*Re-Visioning Psychology,*" pp. 134-137, Harper & Row, 1977.
（4）　*ibid.*, p. 136.
（5）　織田尚生『昔話と夢分析――自分を生きる女性たち』二四五～二四九頁　創元社　一九九三年
（6）　『日本書紀　上』（坂本太郎・家永三郎・井上光貞・大野晋校注）二三八頁　岩波書店　一九八〇年
（7）　同書　二三八～二四一頁
（8）　同書　二三八～二三九頁
（9）　同書　二三八頁

(10) 西郷信綱『古事記注釈』第三巻 一七六～一七七頁 平凡社 一九八八年
(11) 同書 一七九頁
(12) 西郷信綱『古代人と夢』四〇～四九頁 平凡社 一九七四年
(13) 小野泰博・下出積興・椙山林継・鈴木範久・薗田稔・奈良康明・尾藤正英・藤井正雄・宮家準・宮田登編『日本宗教事典』二〇六頁 弘文堂 一九八五年
(14) 同書 一九三頁
(15) C・A・マイヤー『夢の治癒力』（秋山さと子訳）五八頁 筑摩書房 一九八六年

第八章

(1) 平田寛「錬金術」『日本大百科全書』第二四巻 四二六～四二七頁 小学館 一九八八年
(2) C・G・ユング『心理学と錬金術』I（池田紘一・鎌田道生訳）二二四～二二五頁 人文書院 一九七六年
(3) C・G・ユング『分析心理学』（小川捷之訳）二七四～二七五頁 みすず書房 一九七六年
(4) 同書 二七八頁
(5) Samuels, A., Shorter, B. & Plaut, F., "*A Critical Dictionary of Jungian Analysis*," p. 9, Routledge & Kegan Paul, 1986.
(6) C・G・ユング『心理学と錬金術』II（池田紘一・鎌田道生訳）一七六頁 人文書院 一九七六年
(7) C・G・ユング『転移の心理学』（林道義・磯上恵子訳）七四～八三頁 みすず書房 一九九四年
(8) 同書 七九頁
(9) A・H・アファナーシェフ『ロシア民話集』上巻（中村喜和編訳）一一七～一二六頁を要約したもの。岩波文庫 一九八七年
(10) 前掲書『転移の心理学』七九頁

(11) 織田尚生「分析心理学」『臨床心理学大系7　心理療法1』九三～一一九頁　金子書房　一九九〇年
(12) 織田尚生「ユングの夢と分析心理学」『夢の分析』(妙木浩之編)　三九～四九頁　至文堂　一九九七年
(13) C・G・ユング『心理学と錬金術』Ⅱ　前掲書　六九頁
(14) 同書　一一～一四頁
(15) 同書　七〇頁

第九章

(1) 織田尚生「心理療法過程における〈死と再生〉」『季刊精神療法』第一三巻　一一八～一二五頁　金剛出版　一九八七年
(2) 同論文
(3) 織田尚生『昔話と夢分析――自分を生きる女性たち』一六一～二〇四頁　創元社　一九九三年
(4) C・G・ユング『心理学と錬金術』Ⅱ(池田紘一・鎌田道生訳)　一九～二〇頁　人文書院　一九七六年
(5) C・G・ユング『心理学と錬金術』Ⅰ(池田紘一・鎌田道生訳)　二一六頁　人文書院　一九七六年
(6) Jung, C. G., *"Psychologie und Alchemie, GW12,"* S. 303, Walter-Verlag, 1972.
(7) C・G・ユング『心理学と錬金術』Ⅰ　前掲書　二二四頁
(8) 西郷信綱『古事記注釈』第二巻　八～九頁　平凡社　一九七六年
(9) 同書　一五・一六頁
(10) 同書　同頁
(11) 織田尚生『ユング心理学の実際』二七頁　誠信書房　一九八四年

第十章

（1）織田尚生「現代の病」『東洋英和女学院大学心理相談室紀要』第一巻　三〜四頁　一九九七年
（2）織田尚生『昔話と夢分析——自分を生きる女性たち』　一〇一〜一〇二頁　創元社　一九九三年
（3）織田尚生『臨床心理学Ｉ　原理・理論』（河合隼雄監修・山中康裕・森野礼一・村山正治編）　一一八〜一一九頁　創元社　一九九五年
（4）N・シュワルツ－サラント『境界例と想像力——現代分析心理学の技法』（織田尚生監訳・田中信市・曾根維石・木村ゆかり・織田法子・鈴木貞子訳）　七六頁　金剛出版　一九九七年
（5）C・G・ユング『心理学と錬金術』Ｉ（池田紘一・鎌田道生訳）　二二四頁　人文書院　一九七六年

第十一章

（1）C・G・ユング『子どもの夢』Ｉ（氏原寛監訳・李敏子・青木真理・皆藤章・吉川真理訳）　二一頁　人文書院　一九九二年
（2）Jung, C. G. (1921), 'Definitionen,' "*Psychologische Typen, GW6*," S. 485, Walter-Verlag, 1971.
（3）H・ラッカー『転移と逆転移』（坂口信貴訳）　一八八〜一九四頁　岩崎学術出版社　一九八二年
（4）林恵子・織田尚生「ファンタジー、コスモロジー、体験の共有」『箱庭療法学研究』第二巻第一号　五二〜六七頁　一九八九年
（5）関敬吾編『日本昔話大成』第三巻　二一六〜二一七頁　角川書店　一九七八年
（6）馬淵和夫・国東文磨・今野達校注『今昔物語集』二　二八九〜二九七頁　小学館　一九七二年
（7）関敬吾編『こぶとり爺さん・かちかち山』　二五〜三二頁　岩波文庫　一九五六年
（8）中村元・福永光司・田村芳朗・今野達編『岩波仏教辞典』　六〇五頁　岩波書店　一九八九年

旧版あとがき

分析心理学を関係性の視点から見直してみたいという気持ちは、ずいぶん前から持っていた。昭和五十三（一九七八）年から前後四年間のユング研究所留学は、こころの普遍的な側面を重視するチューリッヒ学派から学ぶ有意義な機会となった。しかし一方で私は、心理療法的な関係性にも強い関心があった。昭和五十九（一九八四）年分析家資格を得て帰国し、分析心理学の立場から心理療法を行ってきた。ところでその後の国際分析心理学会では、治療者と患者の関係性が主要な検討課題になっている。これには、精神分析からの影響を受けているロンドン学派の存在が大きい。

ヨーロッパの文化的背景のもとに生まれた分析心理学は、先達の努力によって、わが国のこころの臨床領域に確実に根を下ろしつつある。ユング研究所在籍当時から私は、事例研究を通して欧米の分析家と臨床経験を共有したいと考えていた。国際学会で研究発表することで、好意的な反応が得られることもわかった。本書の一部は今年（平成十年）八月イタリアのフローレンスで開かれる、第十四回国際分析心理学会で発表を予定している。文化差を超えて臨床領域でどのような対話と交流ができるかということは、私たちの今後の課題であろう。心理療法において破壊的なものをどのように取り扱うかということが本書の主題であり、今回の学会のテーマともなっている。

本書の成立には、シュワルツ‐サラントの『境界例と想像力』が大きな刺激となっている。特に想像活動を強調する、彼の方法から学ぶところがあった。しかし読んでいただければわかるように、心理療法的容器と四者性の意義など、私が彼と意見を異にするところは少なくない。

本書では私自身が担当した事例ばかりでなく、他の臨床家からのものも取り上げさせていただいた。来談者のかたがたと各臨床家に、お礼を申し上げたい。私が精神医学出身のため、来談者を患者と呼ばせていただいたこともご理解いただきたい。

書名の選定をはじめとしてお世話になった、誠信書房の児島雅弘氏にこころからお礼申し上げる。放送大学在職当時、わざわざ幕張までおいでくださり、夢分析の三部作を書くようにと勧めてくださった、当時の編集長石川誠一郎氏にも感謝したい。

平成十（一九九八）年七月　東洋英和こころの相談室にて

著　者

復刻版刊行にあたって

網谷由香利

本書の著者である織田尚生先生は、二〇〇七年五月十一日にこの世を去られた。先生の死があまりにも突然だったこともあり、織田先生に師事した私たちにとって、その死は受け入れがたく、「織田尚生」という偉大な臨床家を失った喪失感から立ち直るまでに多くの時間を要した。

それでも月日は流れ、先生が逝去されてから今年でちょうど十年になる。この節目の年に先生の名著である『心理療法の想像力』が再び世に出ることになったことは、今日の心理療法界にとって、とても意味あることに思えてならない。

織田先生は、精神科医としての体験をもとに、スイスのユング研究所においてユング派分析家の資格を取得、その後、日本の心理療法家の第一人者として臨床に携わる一方で、後続の心理療法家の育成にも力を注いでこられた。私は幸運にも、織田先生の教えを享受し、スーパーヴィジョンと教育分析を受けることによって、心理療法家としての礎を築かせていただいた。

＊

私が織田先生に師事するきっかけは、先生が講師を務める事例検討セミナーに受講生として参加したことだった。私は心理職としてまだ駆け出しで、日々困難なケースとどう向き合えばよいか苦悩していた。そうした中で受講した先生の講義は、その当時の私にとってあまりにも衝撃的だったことを、今でも鮮明に覚えている。クライエントを客観的に分析することよりも、治療者自身がこころを開き、自身のこころから生じるイメージを通してクライエントの苦しみに共感すること、そのためにはセラピストが自身の傷つきを自覚することが重要であるという教えは、目からウロコが落ちる思いだった。

ある日のセミナーの帰路、私は電車でたまたま織田先生と同じ車両に乗り合わせた。講義中の織田先生には、馴れ馴れしい気安さはなく、孤高の人というイメージで、私にとっては雲の上の存在だった。それが、その時はどうしたわけか、先生が私を見つけて、声をかけてくださり、隣の席に座るよう勧めてくれた。隣に座った私は非常に緊張したが、思わず、当時抱えていた困難なケースについて、その子どもが描いた絵を見てもらった。先生はその絵を手に取り、丁寧に見てくださって、一言、「可能性がありますね」と言ってくださった。その言葉がどれほど私の励みになったかわからない。その後、私は、先生からスーパーヴィジョンと教育分析を受けることとなり、このときのケースも主訴を解決して、終結を迎えることができた。

スーパーヴィジョンや教育分析では、スーパーヴァイザーや分析家と適切な距離をとらなければならないため、このときほど近い距離でケースについての話をしたことは、後にも先にもあの時が最初で最後であった。

あれから長い年月が経ったが、あの時、織田先生が車内でかけてくださった「可能性がありますね」という言葉は、今もなお、心理療法家としての私を支えてくれている。

心理療法を行う上で最も重要なことは何か。織田先生は以下の四点を特に繰り返し言い続けてこられた。

第一点、「確かな面接構造を構築する」――

面接構造には、外的構造と内的構造がある。

外的構造とは、心理療法を行うための外的な仕掛けであり、物理的な設定（時間、場所、セッションの間隔、料金、座る位置など）を常に一定に保つことが重要となる。「治療の場」が不変であることは、クライエント、セラピスト双方にとって「守り」として機能する。確固たる治療枠を保持し、様々な外的要因の変動をできるだけ排除することにより、はじめて、目には見えないこころの動きの変化をより的確にとらえることができ、セラピーが展開していくのである。

また、こうした常に変わらない空間（セラピストの存在も含めて）は、日常とは隔絶された非日常の場を作り出す。古き時代より、こころの治療を行う場は、日常から一線を画した「地下」であった。非日常であることが、こころを癒すための外的構造として重要であることを、古代の人々はすでに直感的に理解していたのであろう。

外的構造だけでなく、内的構造も重要である。内的構造とは、セラピストとクライエントとの内的な関係性のあり方であり、それは「共感」から始まる。クライエントの痛みは、セラピストにとって決して他人事ではなく、こころの作業の同行者として、同質の痛みを感じながら、想像力を用いることで治療プロセスを歩んでいく。そのためには、日常の人間関係とは異なる内的な距離をとる必要がある。セラピストとクライエントの内的距離感が近すぎると、お互い、相手の外的な部分に目が移り、日常の人間関係としての「依存関係」に陥りかねない。日常的関係性では、それぞれのこころの中から自然発生的に生じるイメージや想像力が機能せず、各々が独立してこころの動きを自覚的に捉えることができなくなってしまう。

外的・内的構造を保ち、「非日常」の守られた治療空間の中で、拒絶でも融合でもなく、互いの間に適切な「中間領域」を保った関係性を築くことが治療を促進させる上で不可欠なのである。

第二点、「セラピストがこころを開いて、クライエントの話を傾聴する」——

セラピストが「こころを開く」という作業は簡単なようでいてなかなか難しい。セラピストが自身のこころを開こうとせず、クライエントのこころばかりを覗こうとすると、結果クライエントのこころに侵入し、傷つけてしまうことになりかねない。セラピストがクライエントを援助するためには、まずセラピスト自身がこころを開いて、自分のこころを治療の道具として使えるようにしなければならない。そのための教育分析の重要性を織田先生は強く主張していた。当時、セラピストのトレーニングとして、教育分析を一番に掲げていたのは、織田先生をおいて他にいなかったのではないだろうか。先生自身、すでにユング派の分析家として大家であり、大学で教鞭を取り、心理臨床の第一線でご活躍されている多忙な身でありながら、毎年イギリスのユング派分析家のもとで自身が分析を受けておられた。まさに有言実行であり、だれもができることではない。

第三点、「クライエントの転移だけに注目するのではなく、セラピスト側の逆転移にも注目しなければならない」——

クライエントが、自身を傷つけた相手を、セラピストに「投影」することは珍しくない。だが、クライエントの「投影」にだけ捉われ、注意と関心をそこにばかり集中してしまうと、セラピスト自身のこころの動きを忘れてしまう。それでは治療は促進していかない。クライエントの傷を「投影」されたセラピストは、自らの「傷」に直面し、そこに逆転移が生じる。心理療法では、セラピストとクライエントとの間に、常にこうした「転移」「逆転移」現象が起こっている。このときに、セラピストが自身の逆転移を自覚し、クライエントと同質の傷つきを切実に体験することで、はじめて治療は促進していく。したがって、セラピストは自身から自然発生するこころの動き、感情や情動を常に捉えていなければならない。

第四点、「セラピストは臨床現場での事例を通して学んでいく」——

治癒へのプロセスは、クライエント自らが教えてくれる。具体的な臨床事例を通した研究を大切にし、臨床の現場で現実に起きていることから学ばせていただく姿勢こそが「心理臨床」の基本である。そして、それこそが、心理療法家としての「臨床の知」を積み重ねていくことに繋がっていく。

織田先生は生前、「実証的研究が事例研究よりも高度なもので、価値が高いと考えるとしたら、それは誤りである」と語っておられた。臨床事例から学ばせていただくという根本を、我々臨床家は肝に銘じておかなければならない。

こうした織田先生の教えを踏まえたとき、昨今の日本の心理療法の傾向はどうであろうか。

どうも、認知行動療法に代表される科学的エビデンスのある方法こそが、唯一有効な心理療法だとする考えに傾きすぎているように思えてならない。また、それに付随するように、精神分析や分析心理学など目に見えないこころのあり様に注目した心理療法はエビデンスのない無効な心理療法であるという誤解や偏見が横行しているようにも見える。確かに、認知行動療法は明確な診断技術とマニュアル化された介入方法によって治療を行うため、科学的データが取得しやすく、結果、エビデンスのある有効な心理療法とされている。しかし、治療自体がクライエントへの臨床的な配慮をおざなりにした機械的な実施になってしまう危険性も否めない。さらに、科学的エビデンスがあるという理由で生物学的、精神病理学的研究のみが偏重される傾向もあり、それが、「臨床の知」として、個々の事例をじっくりと検証する事例研究の価値の軽視につながっているようにも感じられる。

一方、心理療法と隣接領域にある精神科医療はどうであろうか。「心療内科」という科名の専門外来も増え、精神科受診へのハードルはずいぶんと低くなった。精神疾患への偏見が改善され、早期に医療機関を受診できるようになったことはこころの病の治療にとって大変喜ばしいことである。しかし、医療現場では薬物療法を重視した診療が中心であり、話を聴くことに経済的価値を認めない医療保険制度の問題もあって、投薬が有効でない患者に対しても、傾聴に治療的価値をおいて診療を行っている医師は、いまだ多いとはいえないのが実情であろう。

クライエントのこころの傷が治癒していくためには、対処療法である投薬に頼るだけでは限界があり、ストレスフルな生活を強いられる今日だからこそ、守られた治療枠の中で、クライエントの話をじっくりと傾聴し、こころ自体の変容へと導いていく心理療法は、その責務を増しているように感じる。

＊

では、私たち心理臨床に携わっている心理療法家自身はどうであろうか。精神科医療だけでは対応しきれない、こころの病に苦しむクライエントに対して、本当の意味で真摯に向き合っているであろうか。織田先生は常々、「心理療法とは治療であり、患者がこころの病から回復して、自身の能力や可能性を十分に発揮できるよう、心理的に援助することである。」と語っておられた。

しかし、今日の「心理療法」の「治療」としての機能は、十分に発揮されているだろうか。

重篤なケース、精神疾患的症状を呈しているケースに関しては、「悪化させてはならない」という大義名分のもと、すぐに医療機関にリファーしてしまい、セラピストとクライエントの関係性の中で治療していく「心理療法」は、はなから行われなくなってはいないか。

より軽度なケースにのみ対応し、ソーシャルワーカー的な相談援助業務ばかりを行って、本来の「こころの治療」という本分を疎かにしてはいないか。

もちろん、クライエントの不利益になるだけの無意味な面接を重ね、症状を悪化させ、無駄な時間と出費を強いるセラピーなど言語道断なことは言うまでもない。相談やアドバイス的かかわりも大切な援助であり、専門家が対応していくべき分野であることも十分に承知している。

また、どんな治療にも言えることだが、心理療法にも限界があり、だからこそ、セラピストは生と死に関わる厳粛な仕事であることを自覚し、限界以上のことは決してしてはならないことも重々自覚する必要がある。

それは当然のこととした上で、それでも、セラピストは、来談した目の前のクライエントがこころの苦しさを訴えたとき、なんとかそのクライエントがこころの「傷」を回復させて、「治癒」していくよう、全力を尽くすべきではないだろうか。そうした切迫した切実さ無くして、決してこころの変容は生じない。織田先生が私にかけてくださった「可能性がありますね」という言葉は、「心理療法を用いて治療し、クライエントが回復していく」ということへの可能性を、セラピスト自身が常に持ち続けることの重要性を教えてくださったのだと、今、痛感している次第である。

こうした時代の風潮の中にある今だからこそ、もう一度、心理療法の原点に立ち戻る必要があるのではないだろうか。本書『心理療法の想像力』は、今日の私たちに、改めて心理療法の真髄を教えてくれる。

織田先生がユング派の分析家であることから、ユング派の概念や、民話、錬金術研究が取り上げられている。また、セラピストから生じるイメージが治療にどのように働き、それがいかにクライエントの治癒に繋がるかが詳しく書かれている。先生の理論である「変容性逆転移」についても考察され、クライエントが一人では抱えきれないものを、セラピストが代わりに抱え、それをセラピスト自らが生き抜くことで治療が展開することが示されている。

「私たちは他人の心の傷つきや痛みを理解しようとするとき、自分の想像力を用いてその作業をおこなう。形がなく直接触れることのできない他人の心には、治療者自身の心の動きを通してしか到達できない。」（本書 i 頁）

「こころの傷つきは、病者が内なる同行者を得ることによって癒される。」病者が内なる同行者を得るためには、「治療者はこころの一部を用いて、自らの内なる患者の同行者になる。それによって初めて、患者のこころに、内なる傷ついた自分と超越者とのかかわりが布置する。」「病者はしばしば、内なる超越者を治療者に投影する。治療者は投影された治療者像と自身とを同一視してはならないが、投影を拒視すれば心理療法は進まない。治療者は投影を押しつけられた自分と、普通の人としての自身とを、ともに生きることを求められる。私たちは病者の心の癒しを援助する者として、想像力を用いることにより、さまざまの自分を同時に生きる必要がある。」（本書二三五－六頁）

本書には我々臨床家が常にこころの核におくべき内容がぎっしりと詰め込まれている。我々は今一度織田先生の教えに立ち返り、粛然として襟を正し、クライエントにとって「確かな同行者」であるよう、さらなる研鑽をつんでいかなければならない。

本書は心理職に携わっている専門家のみならず、一般の方々にとっても人間の心理を理解する契機になる書となっている。こころの病がどのように回復していくかがわかりやすい文章で、丁寧に解説されている。私はこの書が、ひとりでも多くの方の手に取られ、読まれることをこころから願っている。

（あみや　ゆかり／一般社団法人　佐倉心理総合研究所所長）

マ　行

ヤ　行

ラ　行

ワ　行

サ　行

索　引

織田 尚生（おだ・たかお）

1939 年　高知県に生れる。東洋英和女学院大学人間科学部教授などを歴任。
1974 年　鳥取大学大学院医学研究科修了（医学博士）
1984 年　チューリッヒ・ユング研究所分析家資格取得
専　攻　精神医学，臨床心理学，分析心理学
著　書　『ユング心理学の実際』（誠信書房，1984 年），『王権の心理学』（第三文明社，1990 年），『心の環境健康科学』（放送大学教育振興会，1991 年），『深層心理の世界』（レグルス文庫，1992 年）『昔話と夢分析』（創元社，1993 年）他
訳　書　ハーディング『心的エネルギー』（共訳・人文書院，1986 年），シュワルツ-サラント『境界例と想像力』（監訳・金剛出版，1997 年）他
2007 年　逝去（5 月 11 日）

心理療法の想像力

2017 年 9 月 15 日　初版第 1 刷印刷
2017 年 9 月 20 日　初版第 1 刷発行

著　者　織田尚生
発行者　森下紀夫
発行所　論 創 社

東京都千代田区神田神保町 2-23　北井ビル（〒101-0051）
tel. 03（3264）5254　fax. 03（3264）5232　web. http://www.ronso.co.jp/
振替口座　00160-1-155266

装幀／永井佳乃
印刷・製本／中央精版印刷　組版／フレックスアート
ISBN978-4-8460-1571-8